SORCIÈRE

Alix Paré

CHÊNE

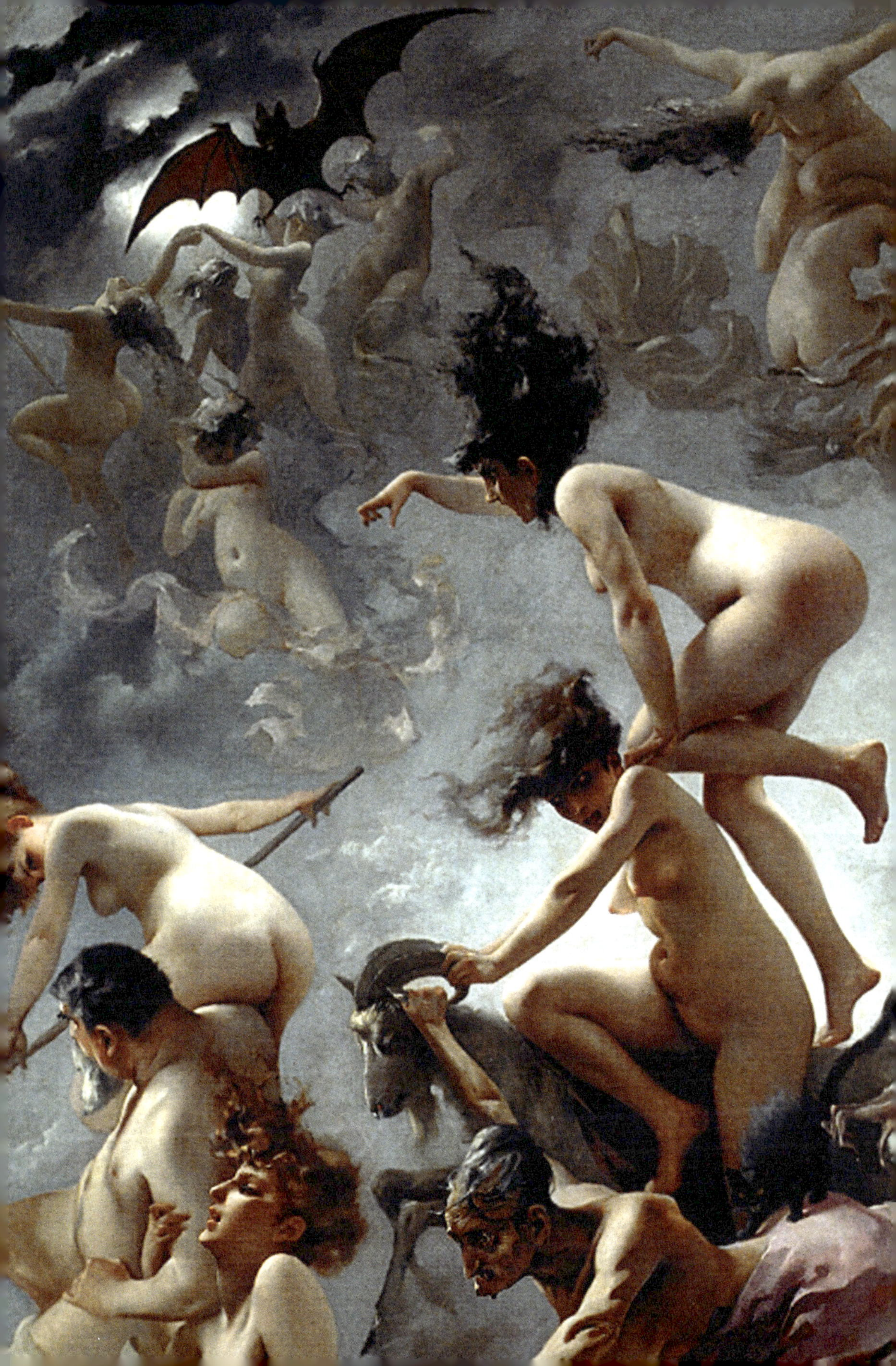

Préparez vos vases,
vos sortilèges,
vos enchantements,
tout enfin.

William Shakespeare, *Macbeth*, 1606,
acte III scène v

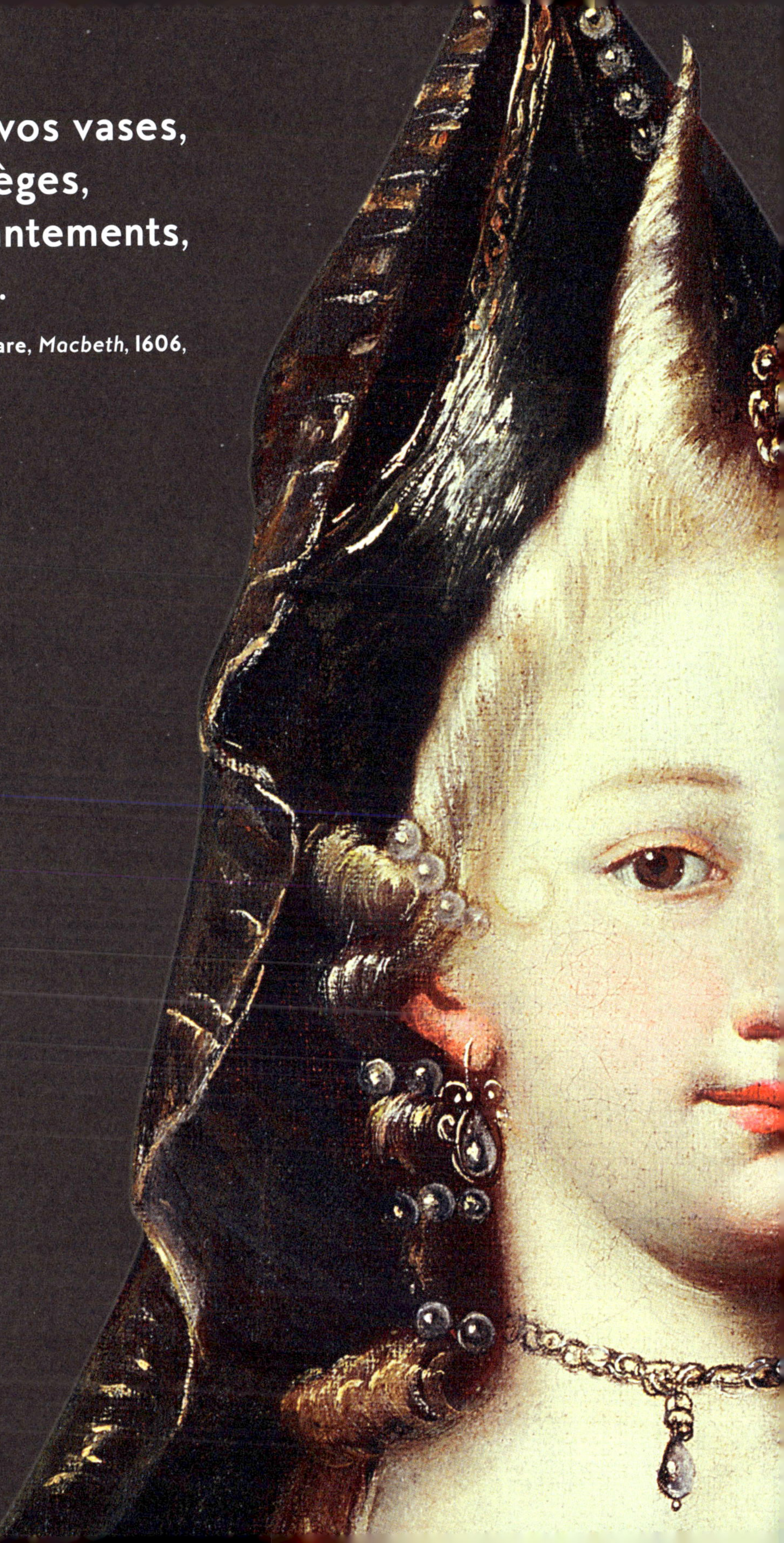

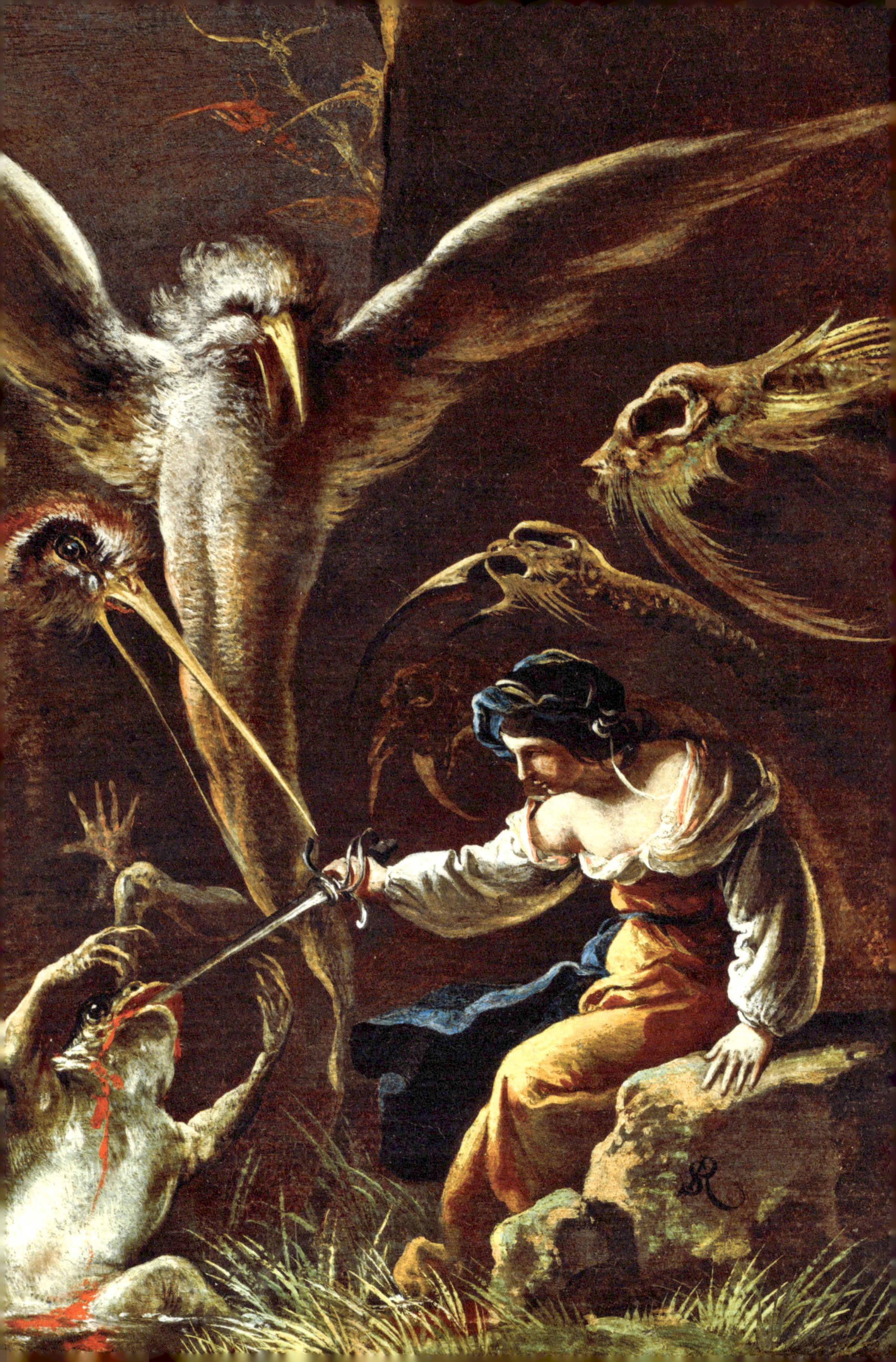

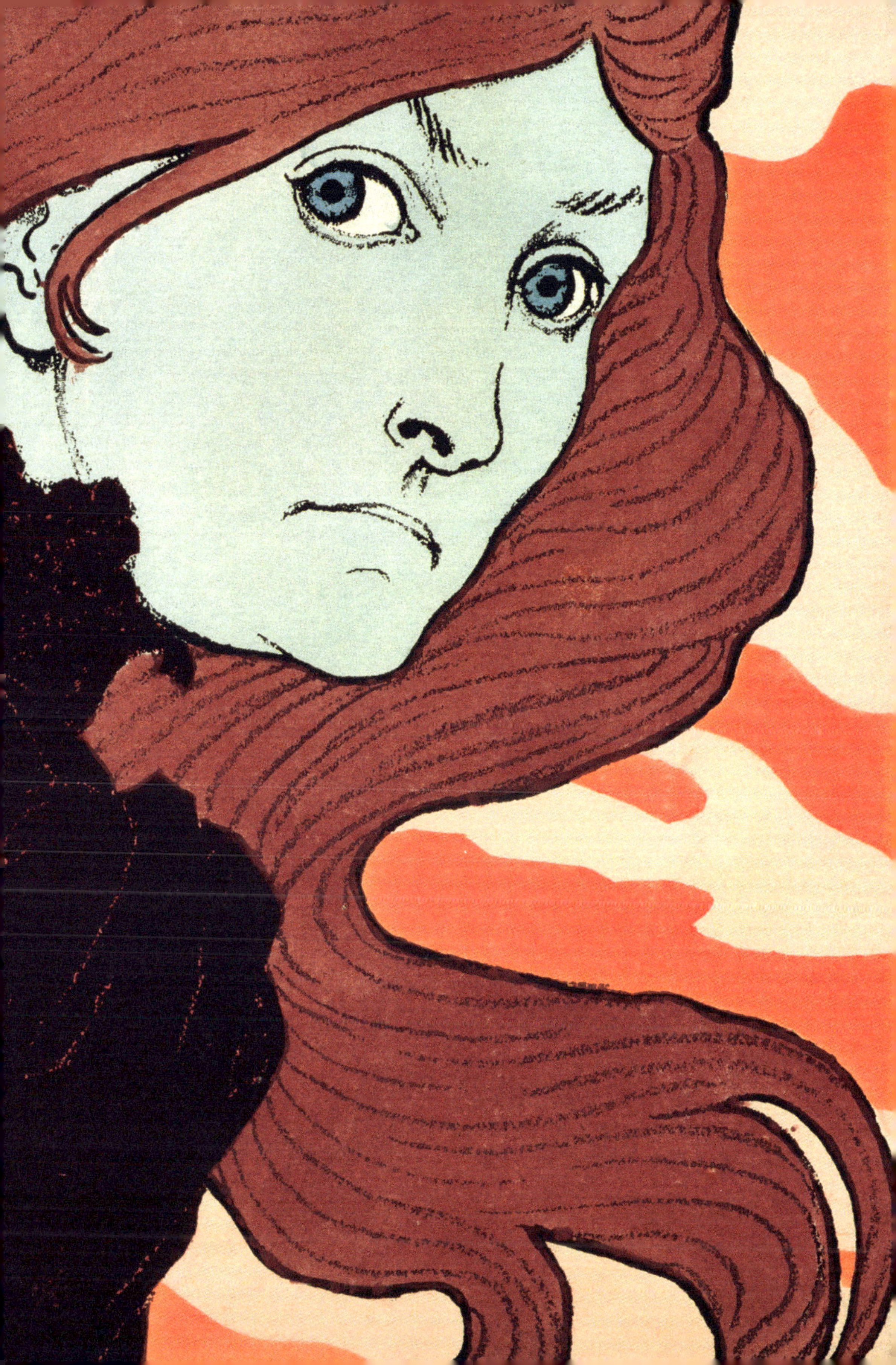

Les sorcières dans l'art

Tout de noir vêtue

Les sorcières ne sont pas vêtues de noir avant la fin du XVIIIe siècle. À cette époque, le noir devient la couleur du **deuil**. La méfiance médiévale pour les **animaux noirs** s'accentue entre le XVIe et le XVIIIe siècle: chats, ânes, poules et boucs noirs sont associés au **Diable**.

Ce qu'on pense des femmes

Avec les progrès médicaux de l'époque moderne, les médecins envisagent de plus en plus les femmes marginales comme des **malades** qu'il faut soigner voire interner plutôt que comme des sorcières. Aux XVIIe et XVIIIe siècles, les médecins s'intéressent à l'**épilepsie** et à l'**hystérie**, un mal féminin qui connaîtra un véritable « âge d'or » au XIXe siècle.

Gentilles ou méchantes ?

Tantôt effrayante, tantôt sympathique, la sorcière est une figure incontournable de la culture occidentale. Elle n'a pourtant pas toujours été affublée d'un balai, d'un chapeau et d'habits noirs.

Premiers balais

Si la magie est omniprésente dans l'Antiquité, la sorcellerie est une invention de la fin du Moyen Âge. Les grandes calamités des XIVe et XVe siècles - peste noire, guerre de Cent Ans, schisme de l'Église, catastrophes naturelles... - entraînent la croyance en une secte démoniaque responsable de tous les maux. Au moment des premiers procès pour sorcellerie, les enlumineurs imaginent des sorcières volant sur un balai vers le sabbat. Ils illustrent des récits oraux, résurgences de mythes païens associés à l'adoration du Diable.

Comment peindre une sorcière ?

À partir de la Renaissance, deux images cohabitent. Il y a d'un côté la sorcière jeune et sensuelle, tentatrice par excellence. De l'autre, l'hideuse vieille au savoir maléfique exhibant en grimaçant ses cheveux hirsutes et ses seins tombants. Les deux sont nues, signe de leur sexualité dévoyée, ou vêtues comme des paysannes. Les accusées de sorcellerie sont souvent issues d'un milieu rural, pauvre et isolé. Alors que les condamnations se multiplient - la grande chasse aux sorcières s'étend de 1580 à 1670 -, l'iconographie se stabilise. Avec la diffusion des gravures de Bruegel l'Ancien (vers 1565), l'attirail traditionnel est fixé: chaudron, grimoire, balai, crâne, chauve-souris, chat, crapaud... Au XVIIe siècle, plusieurs peintres se spécialisent dans les scènes de sorcières et de départ pour le sabbat.

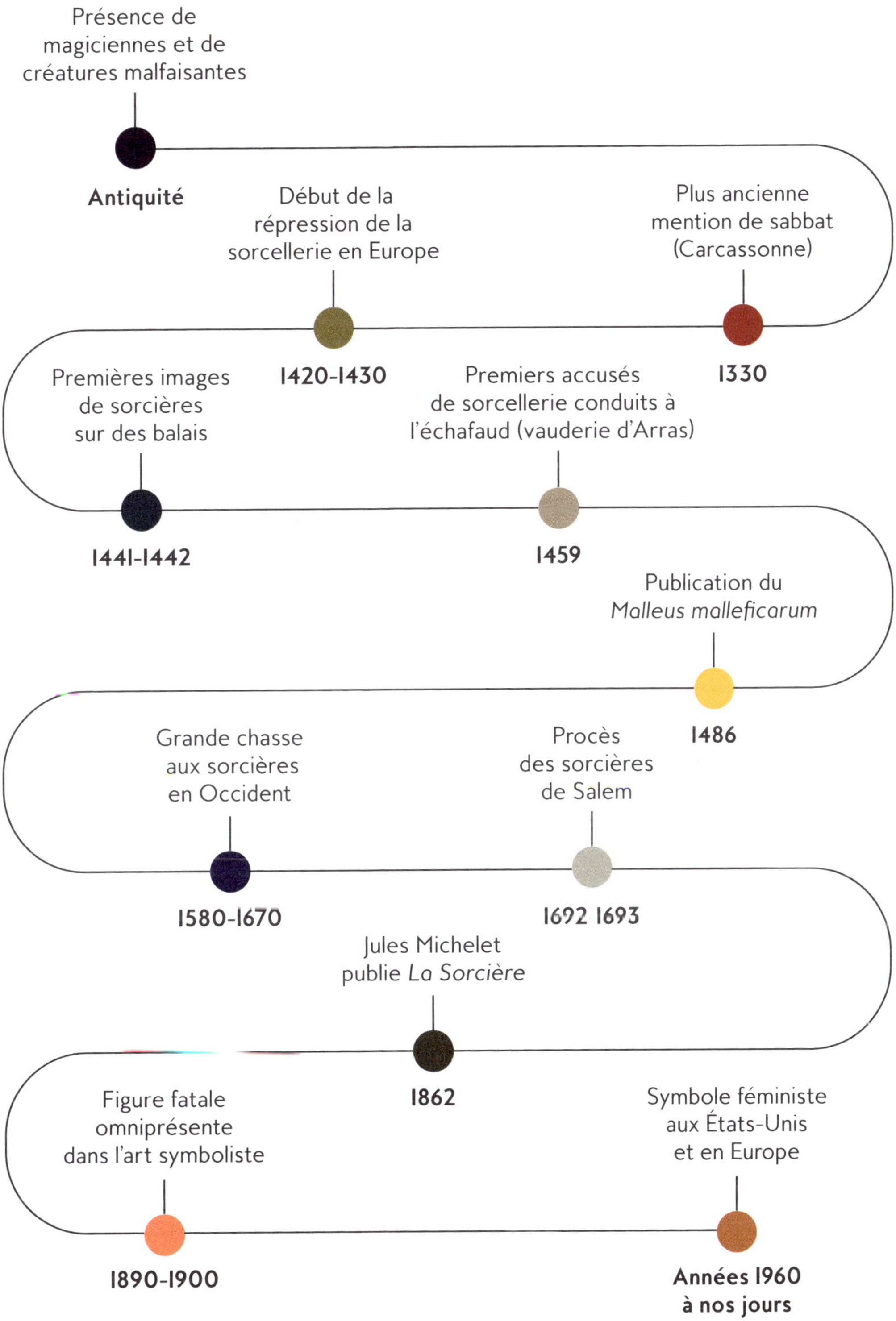
Présence de magiciennes et de créatures malfaisantes
Antiquité
Début de la répression de la sorcellerie en Europe
1420-1430
Plus ancienne mention de sabbat (Carcassonne)
1330
Premières images de sorcières sur des balais
1441-1442
Premiers accusés de sorcellerie conduits à l'échafaud (vauderie d'Arras)
1459
Publication du *Malleus malleficarum*
1486
Grande chasse aux sorcières en Occident
1580-1670
Procès des sorcières de Salem
1692 1693
Jules Michelet publie *La Sorcière*
1862
Figure fatale omniprésente dans l'art symboliste
1890-1900
Symbole féministe aux États-Unis et en Europe
Années 1960 à nos jours

Elle me dit de faire la croix dans ma main gauche avec une pièce de monnaie, et les cérémonies magiques commencèrent [...].

Prosper Mérimée, *Carmen*, 1845

D'où vient le mot « sabbat » ?

La **réunion** des sorcières autour du **Diable** est le « sabbat », autre terme pour « synagogue ». Au XVe siècle, les sorciers sont des hérétiques, à l'image des Juifs, eux aussi accusés de sorcellerie. L'antisémitisme se mêle à d'autres sources et participe à la création du chapeau et du nez crochu.

Abracadabra !

Cette **formule** de **protection** contre les **maladies** est d'origine hébraïque. Elle signifie : « que le Tout-Puissant maîtrise les quatre éléments ». Elle est citée dans les textes médicaux grecs et latins. Elle demeure associée à la médecine empirique et à la sorcellerie.

Petite sorcière
Planche XIII de *Spectropia*, un livre d'illusions d'optique de J. H. Brown publié en 1864
Londres, British Library

Redécouverte et réinterprétations

Au XVIIIe siècle, les bûchers s'éteignent. Les Lumières légifèrent avec rationalisme et relèguent au rang des croyances populaires cette figure mal-aimée. Les images de sorcières se font rares. Ce sont les artistes romantiques qui les redécouvrent. Leur approche, plus littéraire et poétique qu'historique, est guidée par la lecture de Shakespeare et de Goethe. Dans les années 1830, la sorcière romantique, vieille femme vivant seule dans la forêt avec ses grimoires, se déploie dans tous les domaines : en peinture, en littérature avec Victor Hugo et même en danse avec le ballet *La Sylphide* de 1832. Au même moment, les traductions des contes recueillis en Allemagne par les frères Grimm rencontrent un immense succès. Au sein du courant symboliste, marqué par l'obsession de la femme fatale et vénéneuse, la sorcière est omniprésente. L'apogée se situe dans les années 1890-1900, qui ne comptent plus les œuvres peintes, gravées ou illustrées sur ce thème. Érotisme et morbidité se mêlent dans une esthétique volontiers décadente.

Bien-aimée... et engagée

Au XXe siècle, les interprétations artistiques, littéraires ou psychanalytiques ne cessent de croître et d'enrichir l'image de la sorcière. Il y a désormais autant de sorcières que d'artistes. À partir des années 1960, les mouvements féministes occidentaux régénèrent cette figure ancestrale en l'extirpant de son univers onirique. Elle devient le symbole du pouvoir féminin que redoute la société patriarcale. De nombreuses artistes relaient encore ce combat à travers leurs œuvres. Quant à la culture populaire, au cinéma, à la littérature, au journalisme..., il est probable qu'ils n'ont jamais autant aimé les sorcières qu'en ce début de XXIe siècle.

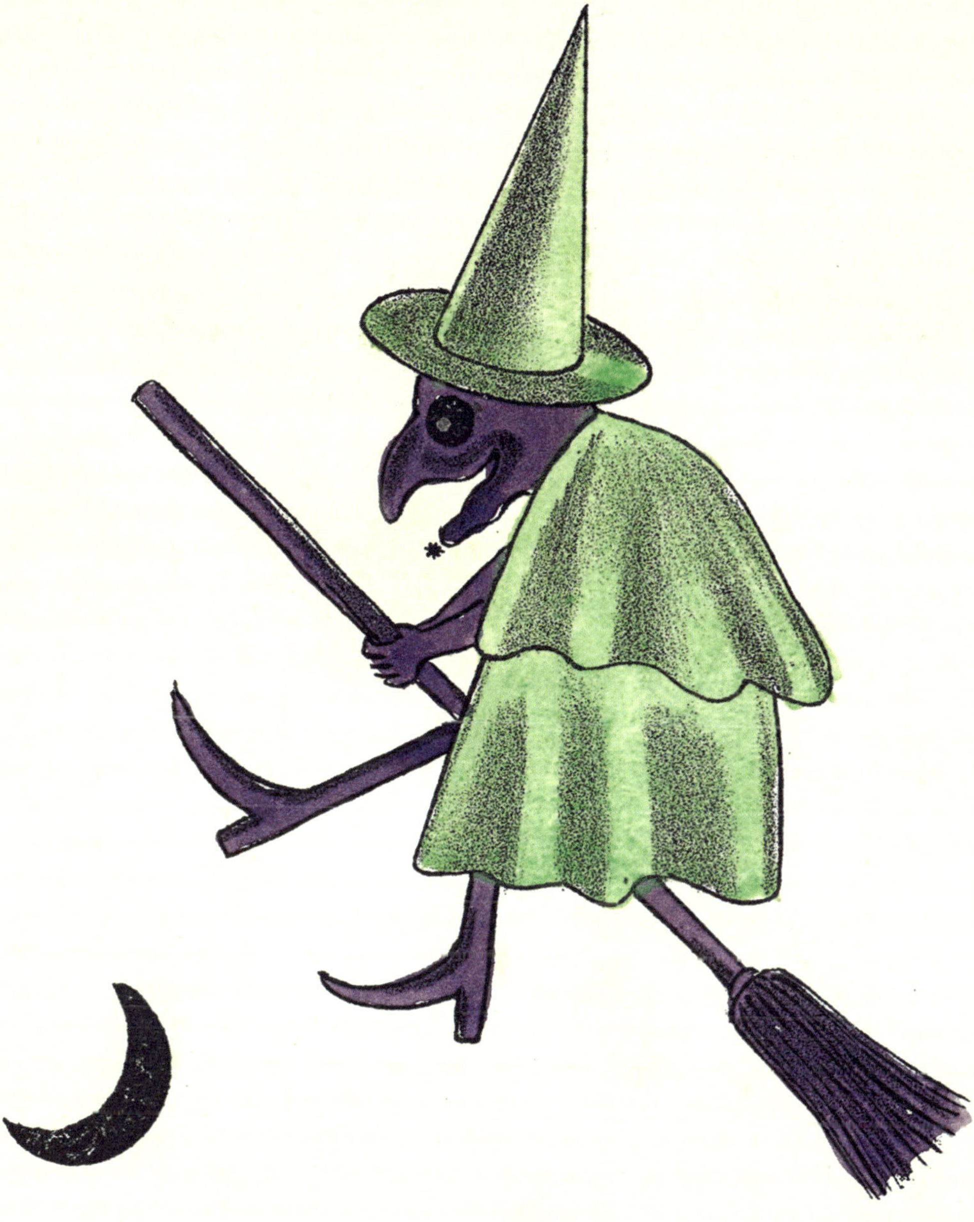

Repères géographiques

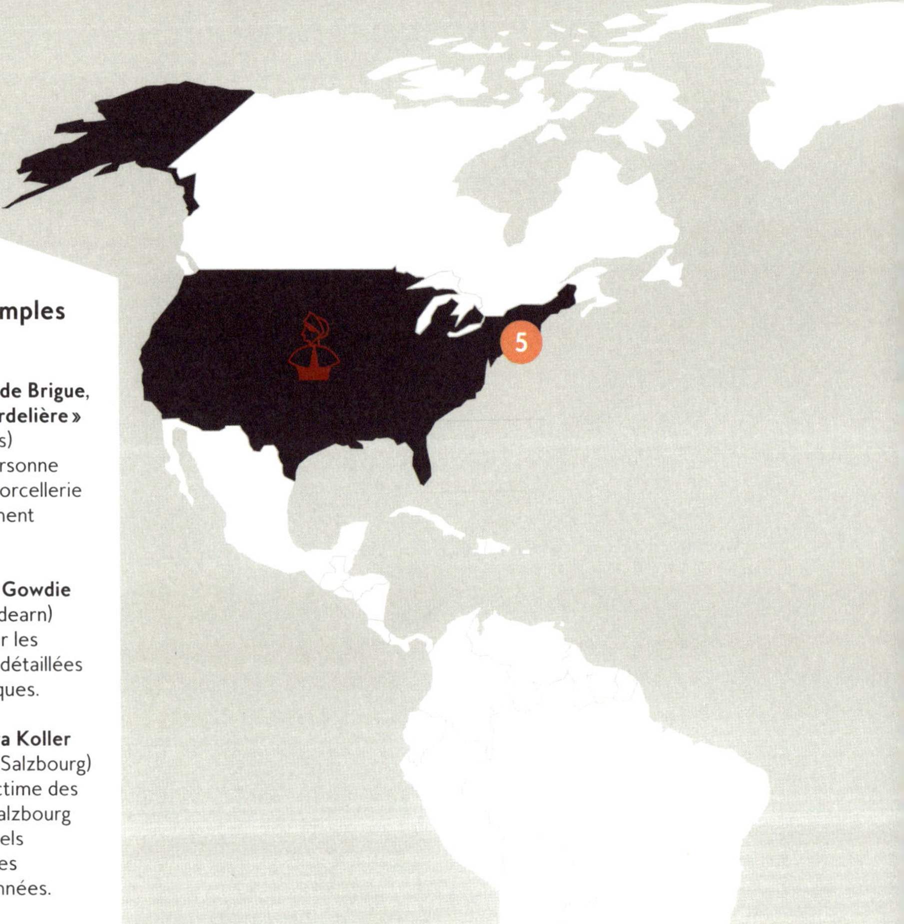

Tristes exemples

1. **1391, Jeanne de Brigue, dite « La Cordelière »**
(France, Paris)
Première personne jugée pour sorcellerie par le Parlement de Paris.

2. **1662, Isobel Gowdie**
(Écosse, Auldearn)
Célèbre pour les confessions détaillées de ses pratiques.

3. **1675, Barbara Koller**
(Allemagne, Salzbourg)
Première victime des procès de Salzbourg durant lesquels 150 personnes sont condamnées.

4. **1680, Catherine Deshayes, dite « La Voisin »**
(France, Paris)
Empoisonneuse impliquée dans l'affaire des poisons.

5. **1692-1693, 20 exécutions**
(États-Unis, Salem)
La chasse aux sorcières la plus importante de l'histoire de l'Amérique du Nord.

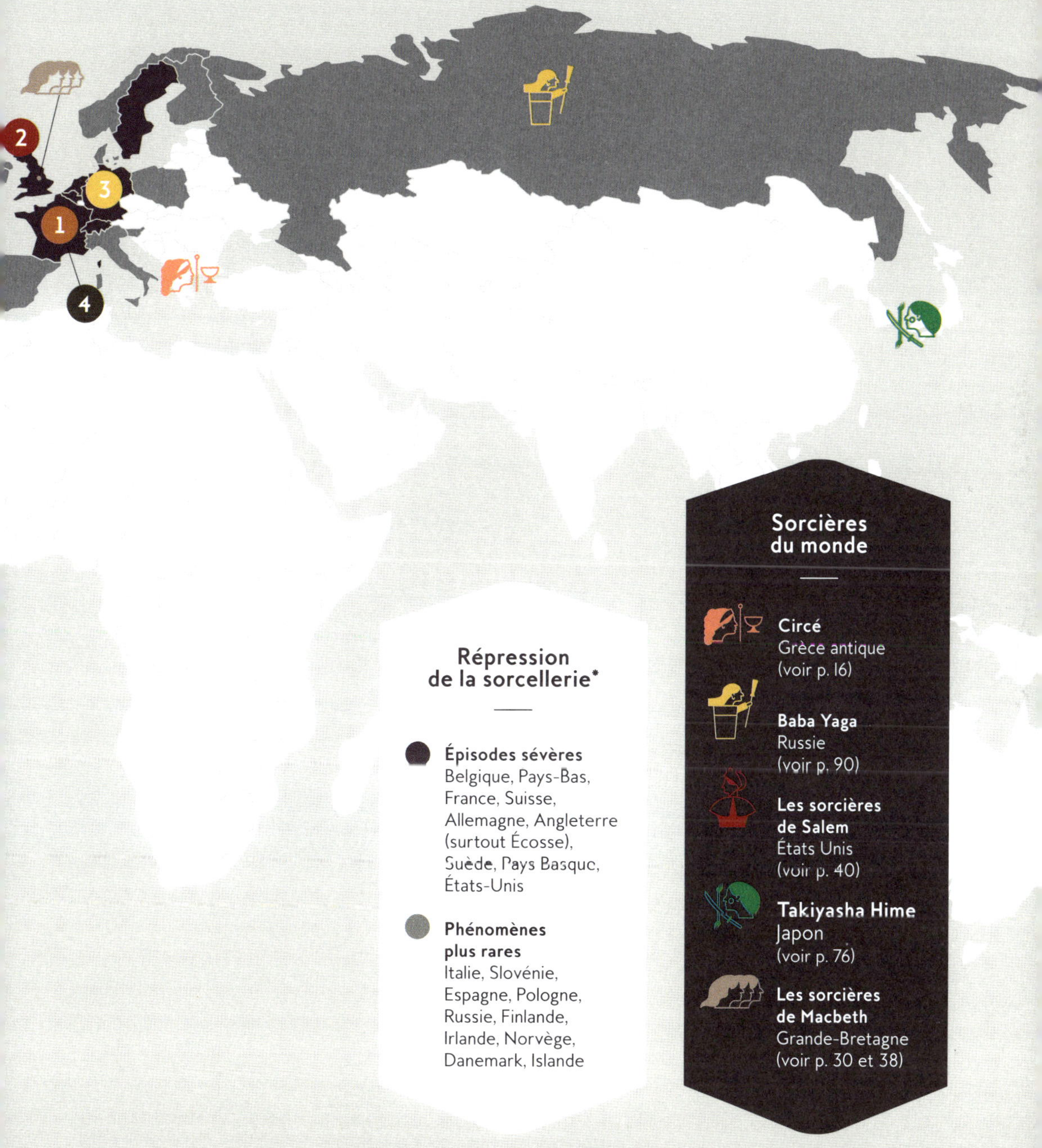

Sorcières du monde

Circé
Grèce antique
(voir p. 16)

Baba Yaga
Russie
(voir p. 90)

Les sorcières de Salem
États Unis
(voir p. 40)

Takiyasha Hime
Japon
(voir p. 76)

Les sorcières de Macbeth
Grande-Bretagne
(voir p. 30 et 38)

Répression de la sorcellerie*

Épisodes sévères
Belgique, Pays-Bas, France, Suisse, Allemagne, Angleterre (surtout Écosse), Suède, Pays Basque, États-Unis

Phénomènes plus rares
Italie, Slovénie, Espagne, Pologne, Russie, Finlande, Irlande, Norvège, Danemark, Islande

* du Moyen Âge aux Temps modernes

Attributs de la sorcière

Dans l'imaginaire populaire d'Europe occidentale, l'attribut principal de la sorcière est un balai.

À la nuit tombée, coiffées de leurs chapeaux pointus, elles le chevauchent pour rejoindre un cercle d'ensorceleuses réunies autour d'un chaudron fumant. Absents des premières représentations de sorcières, ces objets fétiches sont apparus progressivement à partir du Moyen Âge.

Attirante ou repoussante ?

Traditionnellement, on rencontre deux types de sorcière : la vieille femme ridée, laide et effrayante, aux seins tombants et aux cheveux hirsutes ; la jeune séductrice sensuelle à la chevelure rousse, souvent bouclée.

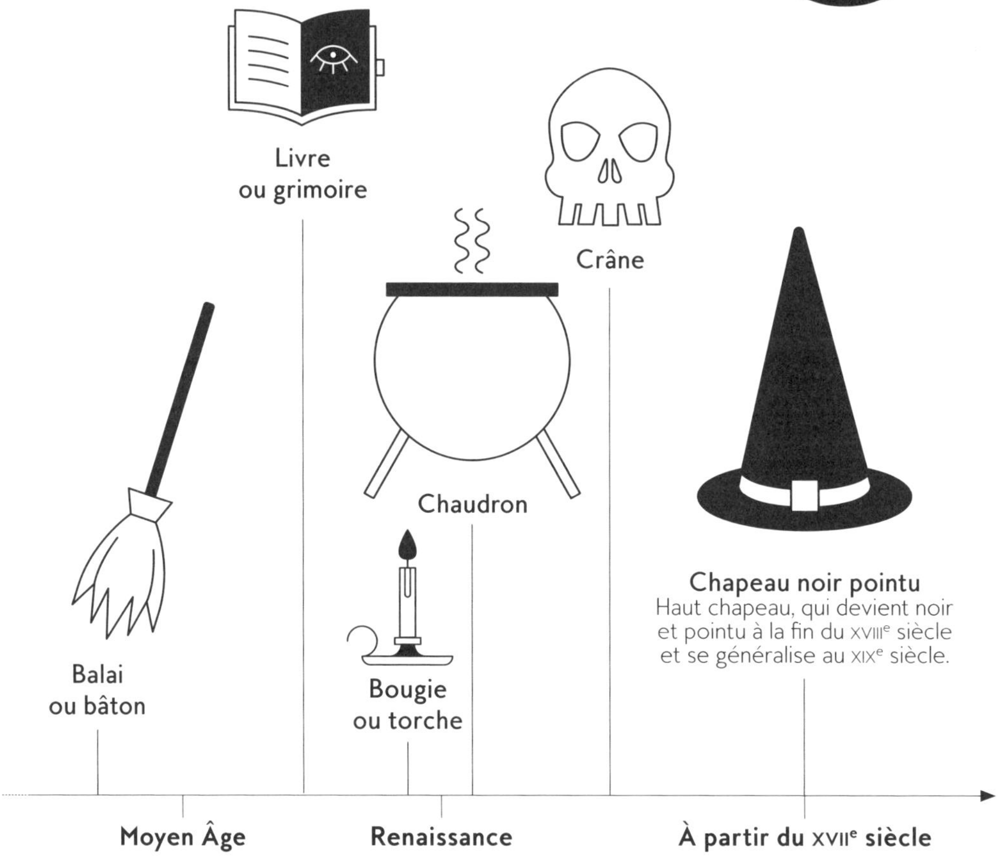

Animaux de compagnie

La sorcière est fortement connectée à la nature sauvage.

Elle vit dans la forêt, connaît le secret des plantes et communique avec les animaux. Elle s'entoure des plus effrayants : ceux qui rampent, qui mangent les morts, qui voient la nuit… Ils sont autant ses compagnons que les ingrédients de ses dangereuses potions.

Compagnonnage

La puissance féminine est depuis longtemps associée aux animaux sauvages. Au xe siècle, des légendes germaniques racontent que des femmes volent la nuit sur le dos d'animaux avec Diane, la déesse de la Lune, de la Chasse et des Animaux.

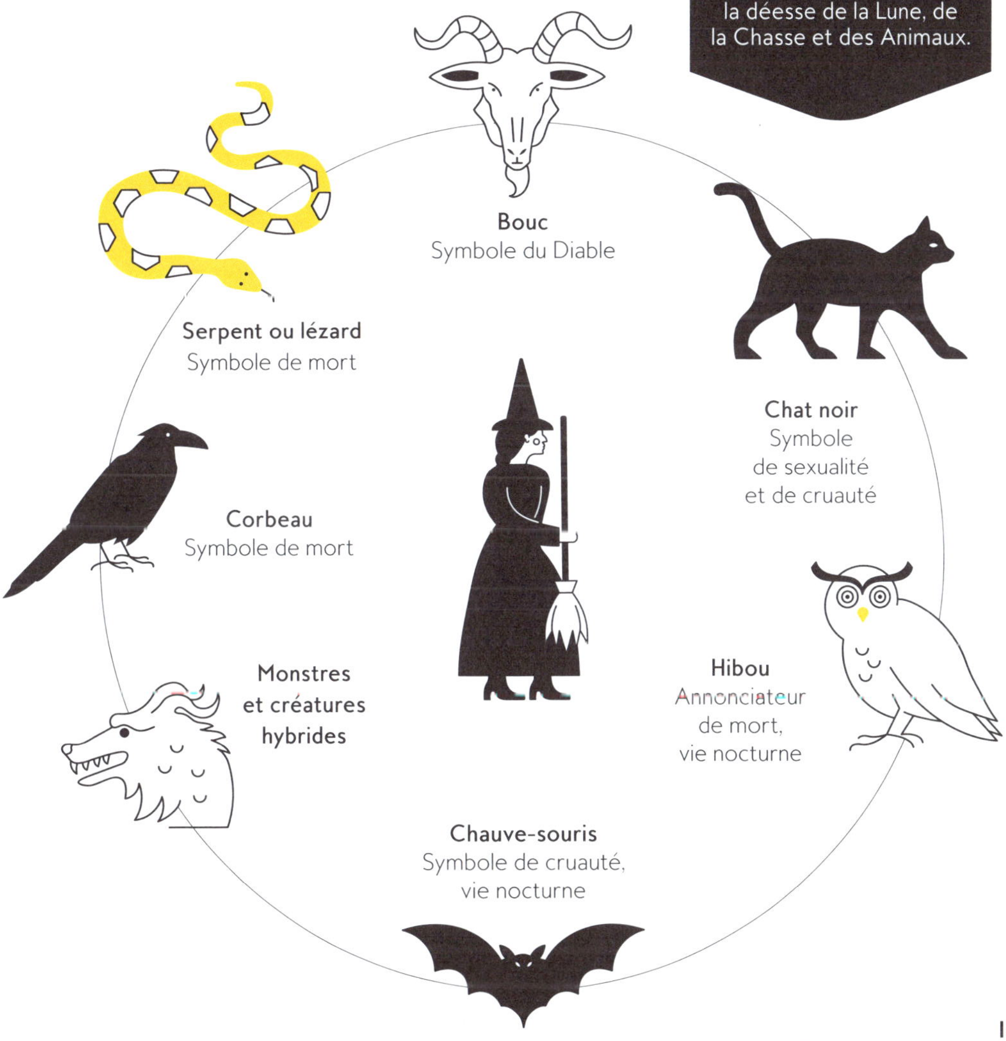

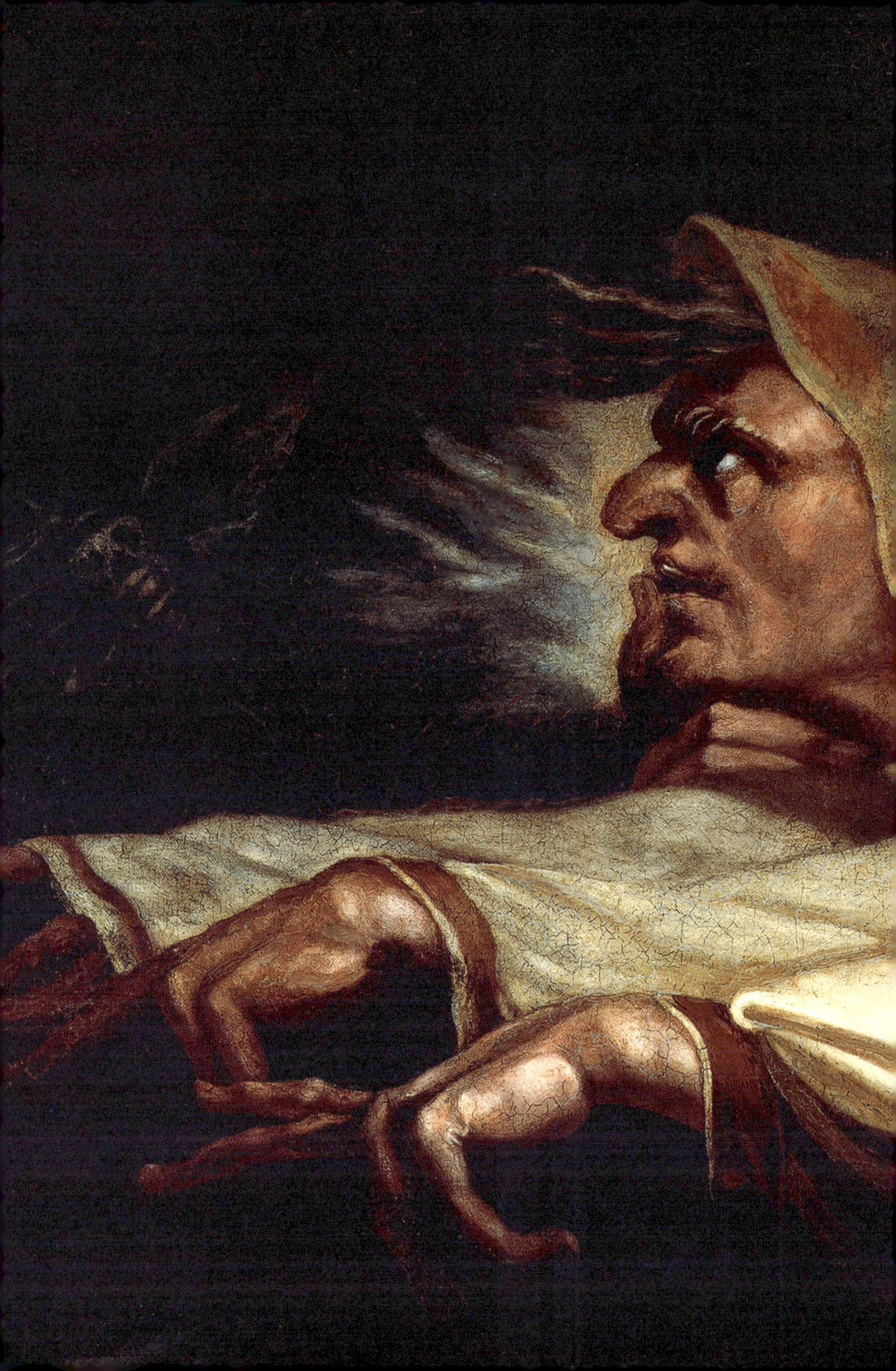

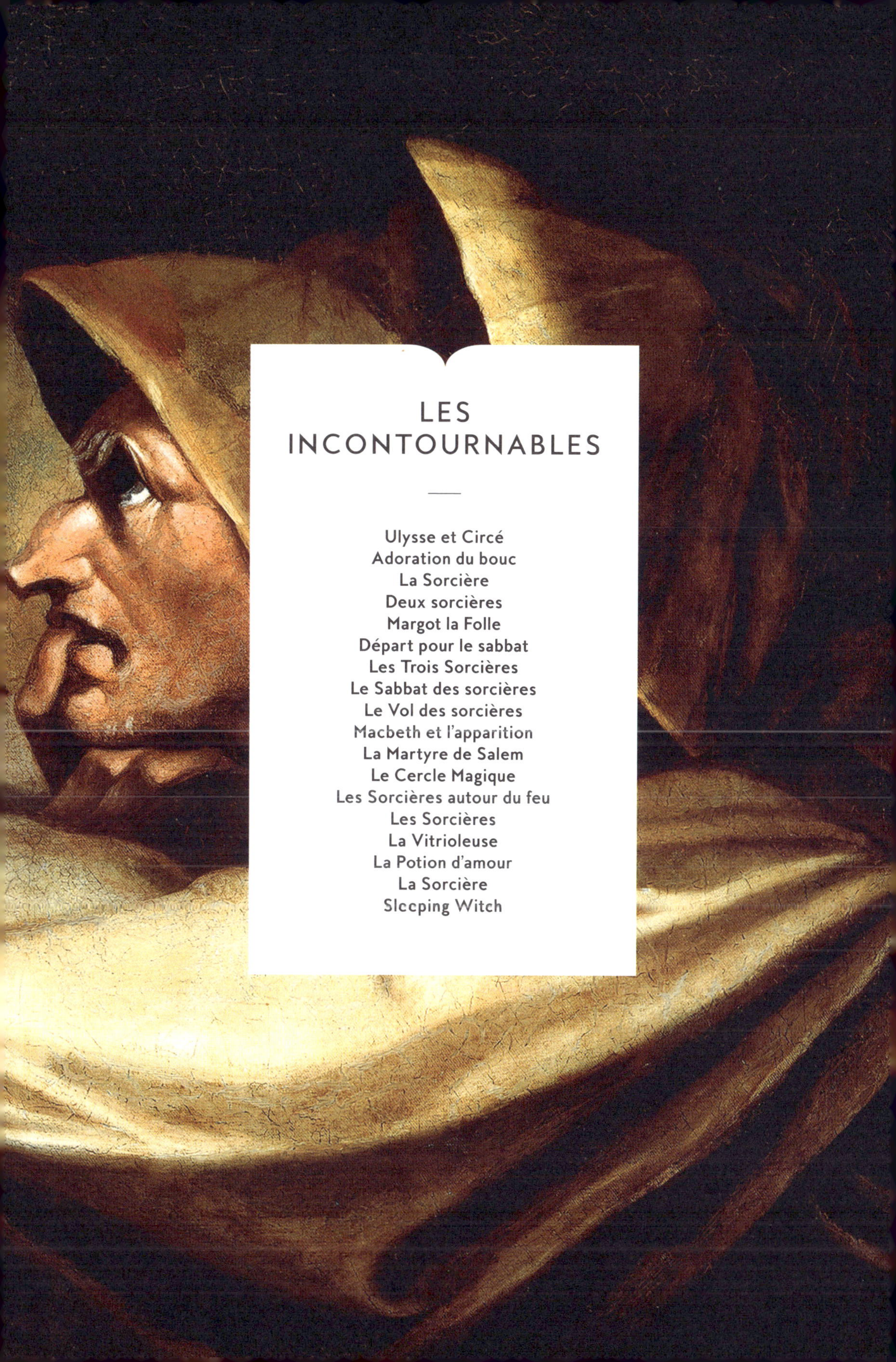

LES INCONTOURNABLES

Ulysse et Circé
Adoration du bouc
La Sorcière
Deux sorcières
Margot la Folle
Départ pour le sabbat
Les Trois Sorcières
Le Sabbat des sorcières
Le Vol des sorcières
Macbeth et l'apparition
La Martyre de Salem
Le Cercle Magique
Les Sorcières autour du feu
Les Sorcières
La Vitrioleuse
La Potion d'amour
La Sorcière
Sleeping Witch

Ulysse et Circé

Vers 470-460 av. J.-C.

Magicienne

Circé est un des personnages les plus fascinants de l'*Odyssée* d'Homère. Alors qu'Ulysse aborde l'île d'Ea, la belle magicienne fait boire un philtre aux hommes de son équipage et les transforme en pourceaux, mais le héros, aidé par Hermès, échappe à la métamorphose.

Ce vase à figures rouges est une œnochoé - un pichet qui sert à puiser le vin dans le cratère où il a été coupé à l'eau avant de le servir dans les coupes. Circé, magicienne et fille du dieu du Soleil Hélios, est représentée de profil. Elle marche en tenant ses attributs : sa baguette et une coupe. Parfois représentée nue, elle est ici vêtue d'une longue tunique (*chiton*) et d'un manteau drapé (*himation*). Sur l'autre face, Ulysse la menace, armé d'une lance et d'une épée. Le vase correspond au discours d'Hermès à Ulysse, au chant X : « Lorsque Circé t'aura touché de sa baguette, toi, saisissant soudain le glaive que tu portes à ton côté, fonds sur elle. »

Circé est une des magiciennes les plus célèbres de l'Antiquité grecque. Redoutable par sa beauté et la puissance de ses sortilèges, elle profite des faiblesses des hommes et de leur virilité. Elle métamorphose les compagnons d'Ulysse, mais finit par leur rendre forme humaine. Elle se fait aussi aimer par le héros, qui reste avec elle une année, lui donnant un fils, Télégonos. Selon d'autres traditions, plusieurs enfants naissent de cette union.

La figure de Circé dépasse l'Antiquité grecque. Dans la culture romaine, le poète Ovide la fait apparaître dans ses *Métamorphoses*, mentionnant ses plantes et ses incantations. Elle est représentée dans des enluminures médiévales, puis dans de nombreuses œuvres, depuis la Renaissance jusqu'au XXe siècle. Citons celles de Primatice, de Bruegel l'Ancien, de Guerchin, de Waterhouse ou de Stuck (voir p. 93).

Diseuses de sorts

Dans l'Antiquité, le mot « sorcière » n'existe pas. Il apparaît au Moyen Âge et dérive du latin *sortiarius* (« diseur de sorts »). Ancêtres des sorcières occidentales, **Circé** et **Médée** sont savantes, liées à la nature et dangereuses. Elles jettent des sorts et concoctent des potions de plantes vénéneuses.

Qu'est-ce que les figures rouges ?

À partir du VIe siècle av. J.-C., les figures des vases grecs sont en rouge, la couleur de l'argile. Le reste est recouvert d'un **fond noir**. L'intérieur des figures est dessiné au pinceau. Auparavant, elles étaient noires sur **fond rouge**, mais les détails, incisés, étaient difficiles à obtenir.

Ulysse et Circé
Attribué au Peintre des Œnochoés de Bruxelles
Vers 470-460 av. J.-C.
Argile
Paris, musée du Louvre

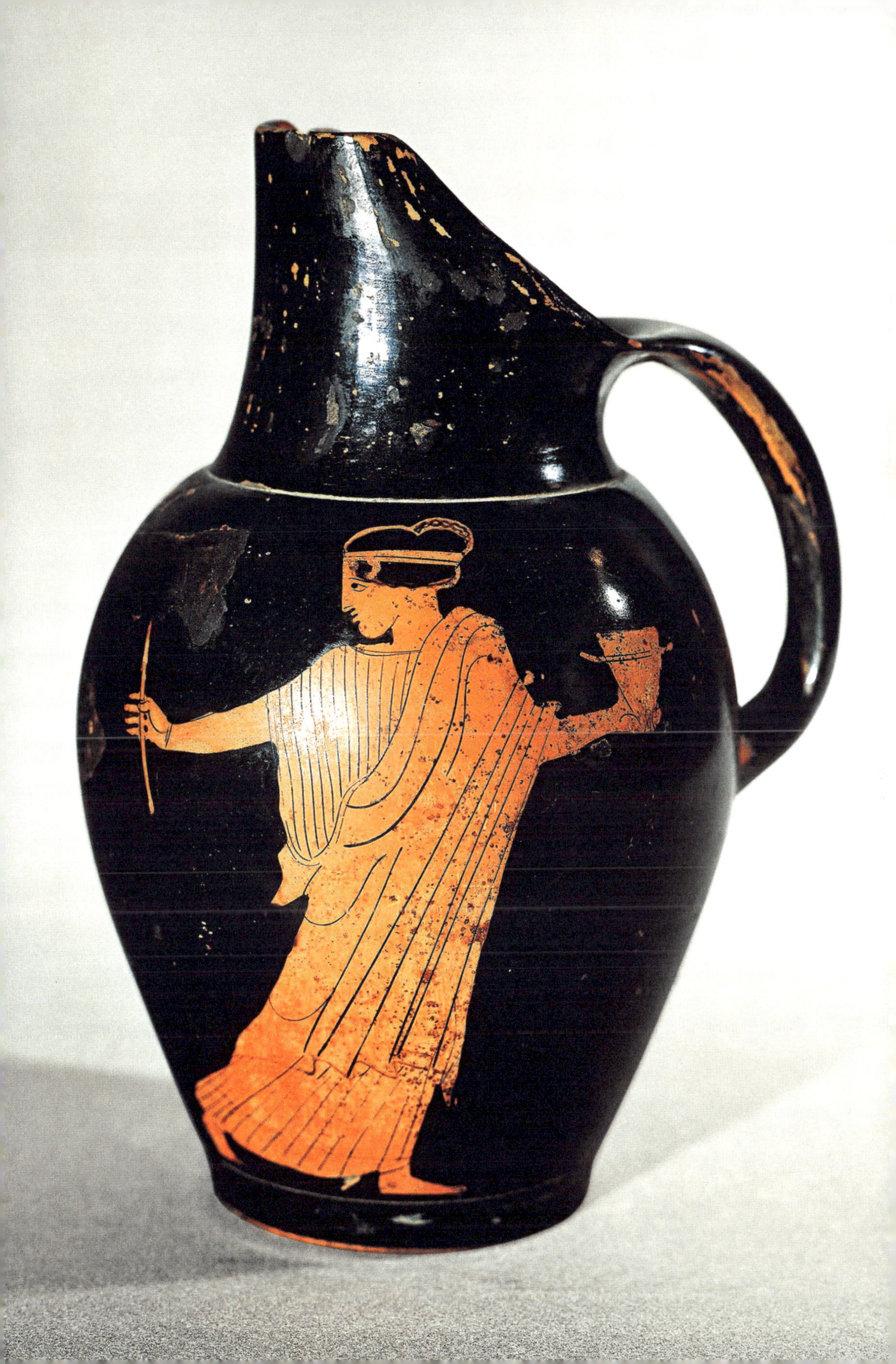

Adoration du bouc

1470-1480

Trente ans plus tôt…

Vers 1440, deux sorcières apparaissent en marge du *Champion des dames* de **Martin Le Franc**. Elles chevauchent un balai ou un bâton. Une note précise qu'elles sont « **vaudoises** ». L'image de la sorcière occidentale traditionnelle est née.

Qu'est-ce que l'Inquisition ?

C'est un **tribunal catholique** créé au XIIIe siècle en France pour lutter contre les hérétiques. Étendue à d'autres pays d'Europe, l'Inquisition disparaît dès le XIVe siècle en France, mais seulement au XIXe siècle en **Espagne**. Rapidement, elle ne s'intéresse plus aux sorcières qui sont condamnées par des tribunaux laïcs, souvent plus cruels.

Adoration du bouc* ou *Scène de sabbat
Maître de Marguerite d'York
Enluminure du *Traité du crime de vauderie* de Jean Tinctor
1470-1480
Paris, Bibliothèque nationale de France

La naissance des sorcières

Cette enluminure de la fin du Moyen Âge est l'une des premières représentations de sabbat. La figure de la sorcière à califourchon sur son balai se met en place.

Loin de la ville, la nuit, les adorateurs du Diable sont réunis à la lueur des chandelles. À genoux derrière un bouc, ils lui embrassent l'anus. Cette parodie satanique de la célébration de l'Agneau mystique est observée depuis les cieux par des sorcières chevauchant leurs balais et par des démons transportant d'autres hérétiques.

Cette miniature est la seule illustration d'un ouvrage intitulé *Traité du crime de vauderie*, écrit vers 1470 par le théologien Jean Tinctor. L'ouvrage fait référence au premier procès de sorcellerie célèbre : celui de la vauderie d'Arras. Les premiers sorciers sont des « vaudois ». Déclarés hérétiques par le pape, ils sont membres d'une communauté pratiquant la pauvreté évangélique dans les Alpes et les Flandres. En 1460, une quinzaine d'hommes et de femmes sont accusés de pacte avec le Diable. Sous la torture, ils livrent des aveux invraisemblables sur leur participation au sabbat : adoration du Diable, exécration de Dieu, de la Vierge et de la Trinité, piétinement de la Croix, messe noire, eucharistie donnée à des crapauds, orgie… Ils admettent se rendre au lieu secret du rituel en volant sur des baguettes. Les accusés n'inventent rien. Espérant, en vain, échapper au bûcher par l'aveu, ils acquiescent aux incroyables questions des juges de l'Inquisition. Ceux-ci colportent un imaginaire ancien, mêlant la crainte du Diable à des résurgences de mythes païens.

Le Maître de Marguerite d'York représente ici plutôt des sorciers. C'est que nous sommes au début de l'histoire. La figure du sorcier s'atténue progressivement à la Renaissance et l'obsession se concentre sur la femme, descendante d'Ève, considérée comme faible, inconstante et tentatrice. La chasse aux sorcières peut commencer !

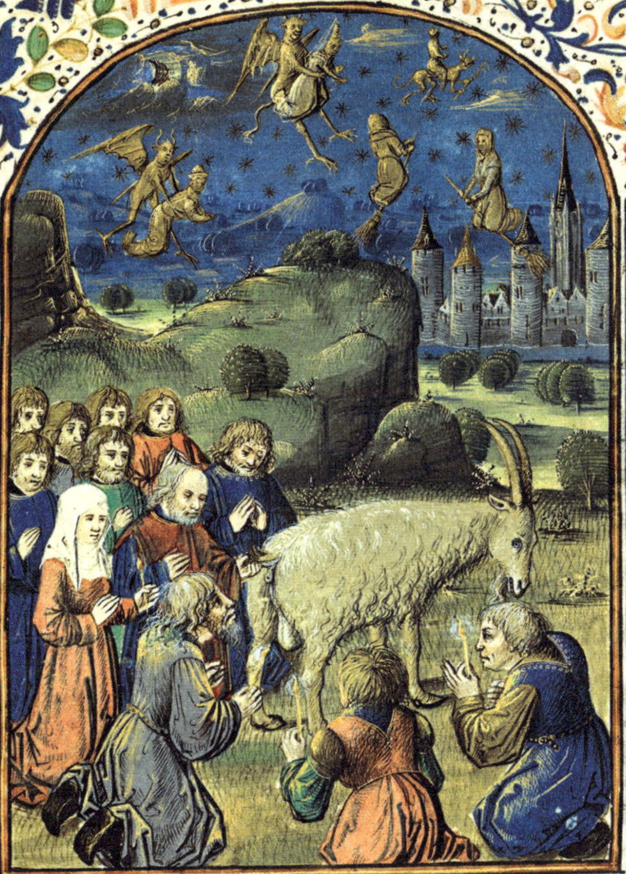

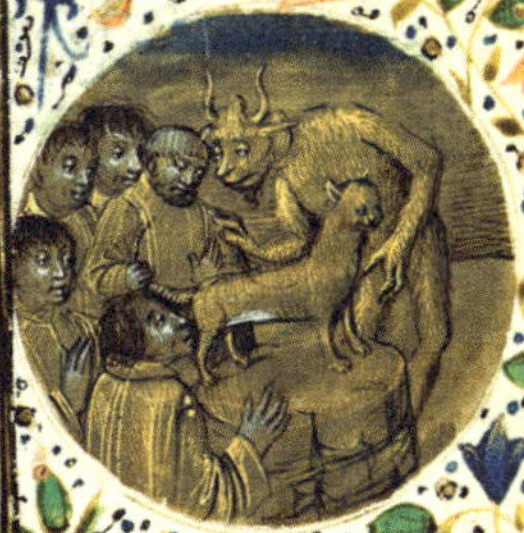

Par lenuie du dyable
la mort print entree
ou monde. Et ce le
ensuiuent ceulx qui tiennent sō

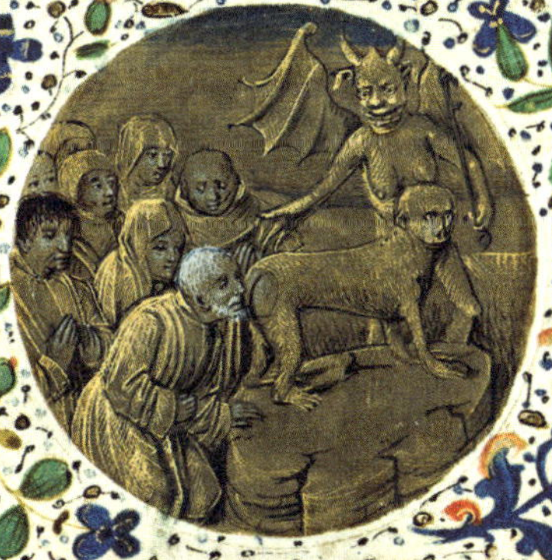

La Sorcière

Vers 1500

Grêle... ou météorite ?

En 1492, **Albrecht Dürer** assiste à la chute de la **météorite** d'Ensisheim. Il représente ce phénomène dans sa célèbre gravure *Melencolia* (1514). Les météorites sont alors encore inexpliquées et sont souvent perçues comme un phénomène prophétique ou magique.

Grand âge

Sous la tutelle de son père puis de son mari, la femme d'autrefois n'acquiert une relative autonomie qu'avec le **veuvage**. La liberté et le savoir, souvent empirique, des **femmes âgées** effraient alors les hommes qui voient en elles des êtres à surveiller. Elles constituent d'excellentes proies pour la chasse aux sorcières.

La Sorcière
Albrecht Dürer
Vers 1500
Gravure sur cuivre
Florence, galerie des Offices

Chevauchée fantastique

Une sorcière échevelée, assise à l'envers sur un bouc, vole au-dessus du sol. Sa laideur effrayante, sa nudité et son air désordonné correspondent aux images de sorcières telles qu'on les imagine alors.

La sorcière tient contre son sein tari un fuseau et une quenouille. Ces symboles anciens de la féminité sont aussi les attributs d'une déesse germanique, Perchta. On les retrouve entre les mains des Parques, ces déesses romaines qui déroulent et coupent le fil de la vie des mortels. Sur la gauche, une violente pluie de grêle s'abat. Les sorcières sont alors tenues pour responsables des phénomènes météorologiques extrêmes et dangereux pour les récoltes.

La monture est une autre énigme. S'agit-il d'un bouc, symbole du Diable, ou du signe du capricorne ? Lié à Saturne, à l'agriculture et au solstice d'hiver, c'est un symbole pluriel. S'agit-il d'Aphrodite Pandemos, la déesse associée à l'amour sexuel, qui monte nue sur une chèvre ?

Au sol, quatre *putti* tiennent des baguettes et se contorsionnent. Ils créent un vide au centre de cette composition circulaire. L'un tient un arbuste taillé, souvent symbolique de la maîtrise de la nature par l'homme. Un autre porte une sphère sculptée, que l'on identifie comme une image du changement. Les interprétations sont ouvertes : sont-ils les quatre saisons, les points cardinaux, les éléments ? Symbolisent-ils le monde terrestre tandis que la sorcière s'affranchit des lois de la pesanteur ?

Maître incontesté de la Renaissance allemande, contemporain des premières chasses aux sorcières, Albrecht Dürer est l'auteur de gravures érudites et puissantes qui sont loin d'avoir livré toutes les clés de leur interprétation.

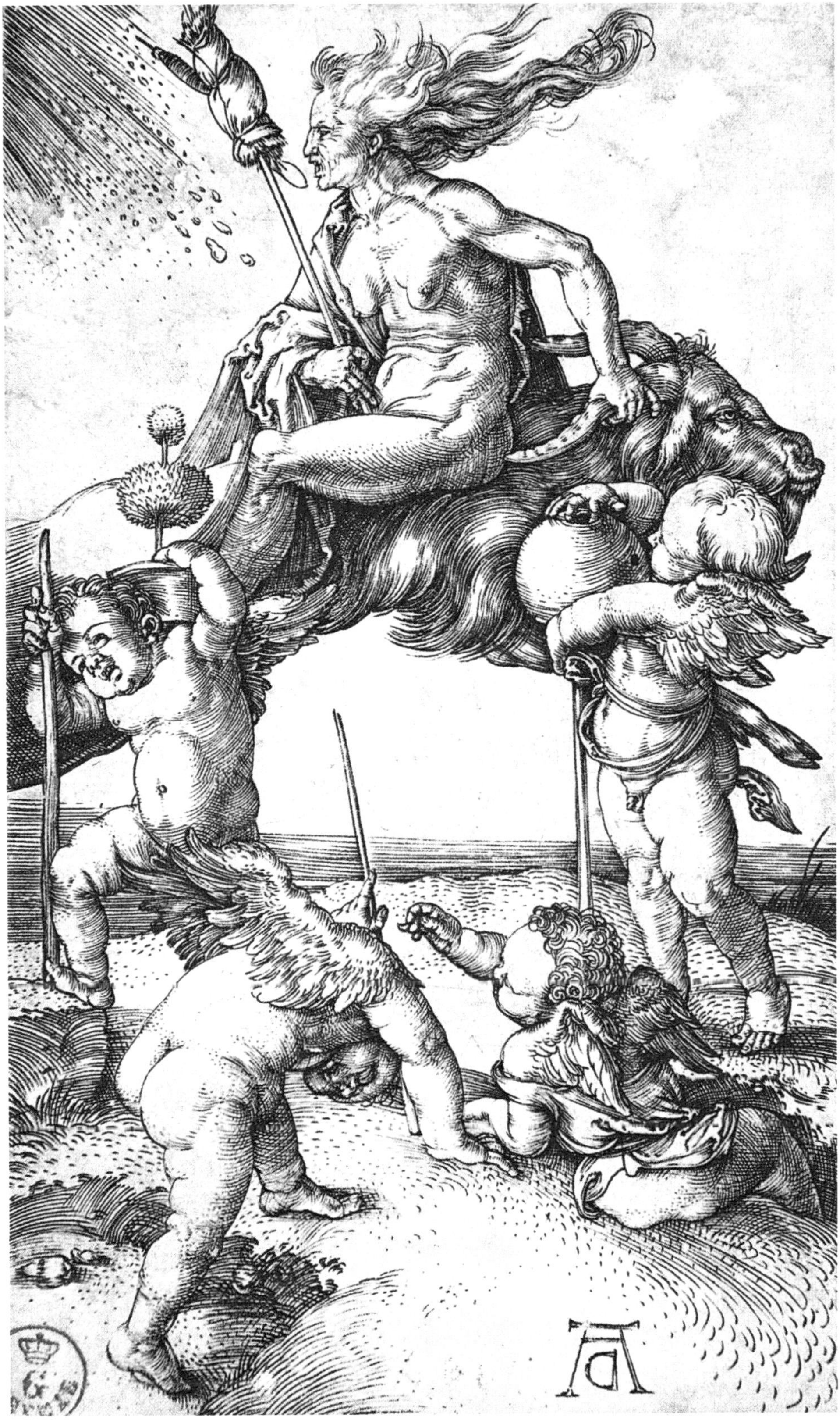

Deux sorcières

Vers 1523

Séduisantes sorcières ?

Ces deux femmes nues n'ont manifestement pas peur de l'épaisse fumée orangée qui envahit le paysage derrière elles, tandis qu'un bouc effrayé est allongé à leurs pieds.

Hans Baldung, surnommé Grien, est un peintre et graveur majeur de la Renaissance allemande. Il côtoie les humanistes, artistes et savants. Ses œuvres sont raffinées et sensuelles. Elles fourmillent de symboles et de références, comme ces *Deux sorcières* qui demeurent largement énigmatiques.

Jusqu'au début du XXe siècle, cette peinture est considérée comme une allégorie de l'amour sacré et de l'amour profane. Vers 1900, les historiens s'orientent vers le contexte historique de la première chasse aux sorcières, au XVe siècle, d'autant que l'on sait Baldung intéressé par ces figures particulières. Ces deux femmes sont-elles des « tempestrières », responsables du ciel aux couleurs d'incendie ? Un bouc, symbole du Diable, est représenté sur le sol. Le Diable est alors tenu pour responsable de toutes les calamités. Une des femmes tient à la main une fiole dans laquelle un petit dragon est prisonnier. Est-il un symbole du mal ou du vif-argent ? Le mercure est utilisé dans les remèdes médicinaux qui traitent la syphilis, une maladie bien présente en cette fin de Moyen Âge. Il serait alors à mettre en lien avec l'attitude séductrice des femmes et avec la présence de l'angelot, petit Cupidon tenant la torche de l'Amour.

Cette œuvre est certainement réservée à un cabinet de collectionneurs. Elle doit être le point de départ de discussions sur la sorcellerie, la mythologie ou la peinture elle-même. Ces deux nus féminins aux chairs nacrées sont d'une qualité exceptionnelle. Leurs postures complexes permettent d'étudier les raccourcis ou la torsion des corps. Dans la continuité de son contemporain, le génial Albrecht Dürer, Baldung développe un art original qui n'a pas encore livré tous ses secrets.

Un sujet bien-aimé

Baldung dessine et grave souvent des sorcières, parfois d'une manière très explicite. De la traditionnelle scène de sabbat autour du chaudron avec des femmes chevauchant un bouc (en reprenant le motif de Dürer, voir p. 21) à ses scènes plus licencieuses, l'artiste mêle **horreur** et **érotisme**.

Malleus maleficarum

C'est à Strasbourg, où vit **Baldung**, que le *Malleus maleficarum* (*Marteau des sorcières*) est publié en 1486. Ce traité, écrit par les dominicains **Heinrich Kramer** et **Jacob Sprenger**, est un manuel de chasse aux sorcières : comment les reconnaître, les capturer et les éliminer. Son succès considérable entraîne de nombreuses éditions.

Deux sorcières
Hans Baldung
Vers 1523
Technique mixte sur bois
Francfort-sur-le-Main, Städel Museum

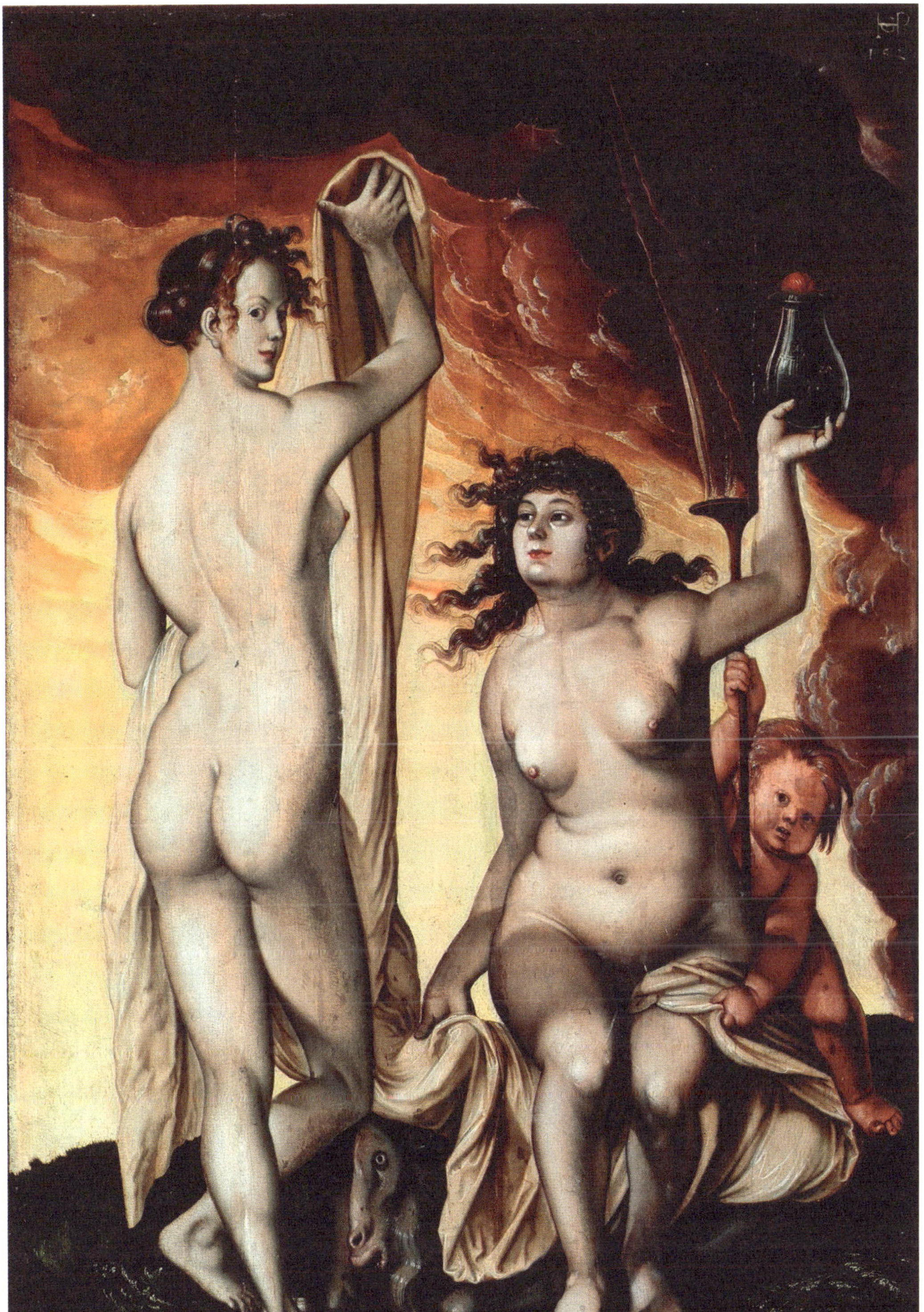

Margot la Folle

1563

Bruegel et les sorcières

En vol sur leur balai, à côté d'un chaudron dans lequel elles préparent une potion... Deux estampes de **Bruegel l'Ancien** représentent des sorcières. Leur popularité et leur large diffusion en Europe ont participé à la codification de la sorcière telle que nous la connaissons encore aujourd'hui.

Terrible proverbe

« Une femme seule fait du boucan, deux femmes beaucoup de problèmes, [...] quatre femmes mènent à la dispute, cinq femmes forment une armée et pour lutter contre six femmes Satan n'a pas lui-même une arme pour les combattre. » Ce **dicton** publié dans un recueil de **proverbes flamands** à Anvers en 1568 a souvent été rapproché de *Margot la Folle*.

Margot la Folle
Pieter Bruegel l'Ancien
1563
Huile sur bois
Anvers, musée Mayer van den Bergh

Course folle

Au XVIe siècle, la femme fait peur, surtout si elle est âgée et issue de la campagne. Cette image se diffuse en gravure et en peinture, comme chez Bruegel l'Ancien, un artiste citadin érudit, fasciné par le monde rural et les figures marginales.

Dulle Griet, en français *Margot la Folle*, est un personnage acariâtre issu du folklore flamand. La vieille femme, géante, est certainement une allégorie. Ce tableau étonnant, proche de l'univers de Jérôme Bosch, fourmille de détails violents et obscènes. Il est peut-être lié à des poèmes satiriques ou à des proverbes flamands.

Dans un paysage cauchemardesque, sur fond d'incendie, Dulle Griet prend la fuite, l'air hagard, les bras encombrés d'objets précieux. Mi-paysanne mi-guerrière, elle est vêtue d'une longue robe surmontée d'une cuirasse et coiffée d'un casque. Une épée dans la main droite, elle s'éloigne d'une scène de guerre et de pillage. L'hallucinée se dirige droit vers une bouche infernale, sorte de tour à créneaux anthropomorphe aux yeux exorbités et au nez percé d'un anneau. Une troupe de soldats casqués s'avance vers des paysannes enragées. Elles pillent une masure, ligotent des monstres et récupèrent des pièces noires qu'un homme, habillé en femme et assis sur le toit, fait sortir de son postérieur à l'aide d'une cuillère. Sommes-nous face à une allégorie de la Folie de la guerre ? de l'Avarice et autres péchés capitaux ? d'une critique du pouvoir laissé aux femmes ?

Pieter Bruegel l'Ancien vit une période troublée par les guerres entre catholiques et protestants. La chasse aux hérétiques est de plus en plus importante. En parallèle, la répression de la sorcellerie s'accentue. La misogynie qui imprègne les discours médicaux et théologiques donne naissance à des figures féminines négatives. On se méfie des paysannes pauvres, âgées, isolées... De *Margot la Folle* à la sorcière, il n'y a qu'un pas.

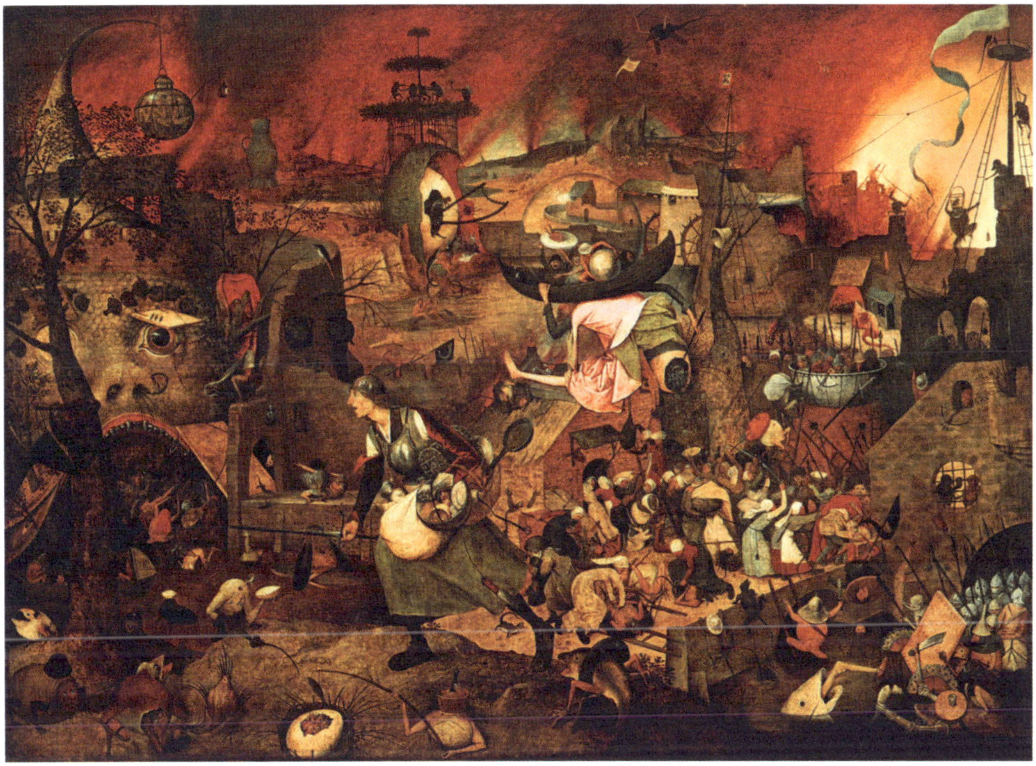

La démesure en fleurissant produit l'épi de la folie,
et la récolte est une moisson de larmes.

Eschyle, *Les Perses*, 472 av. J.-C.

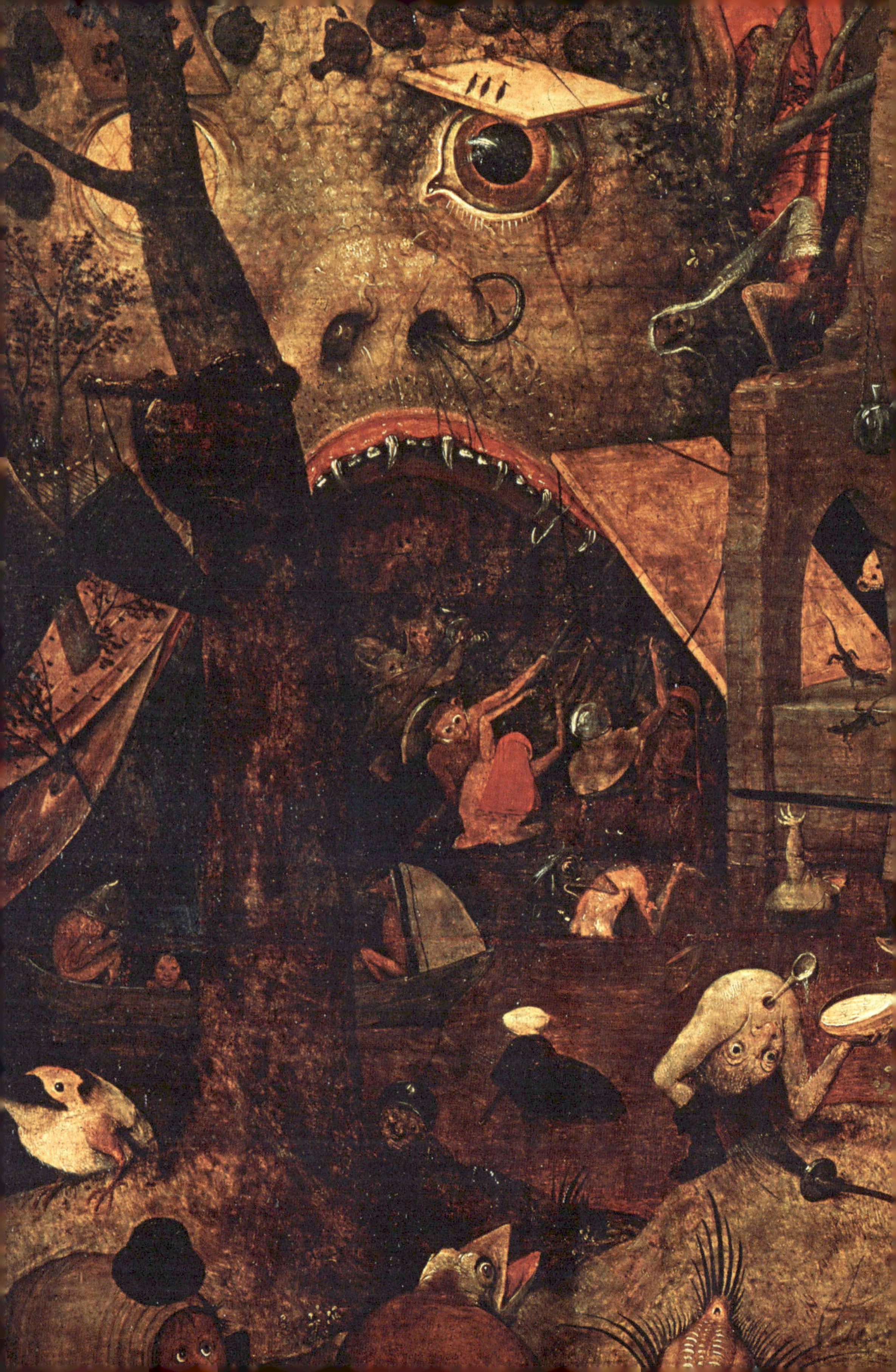

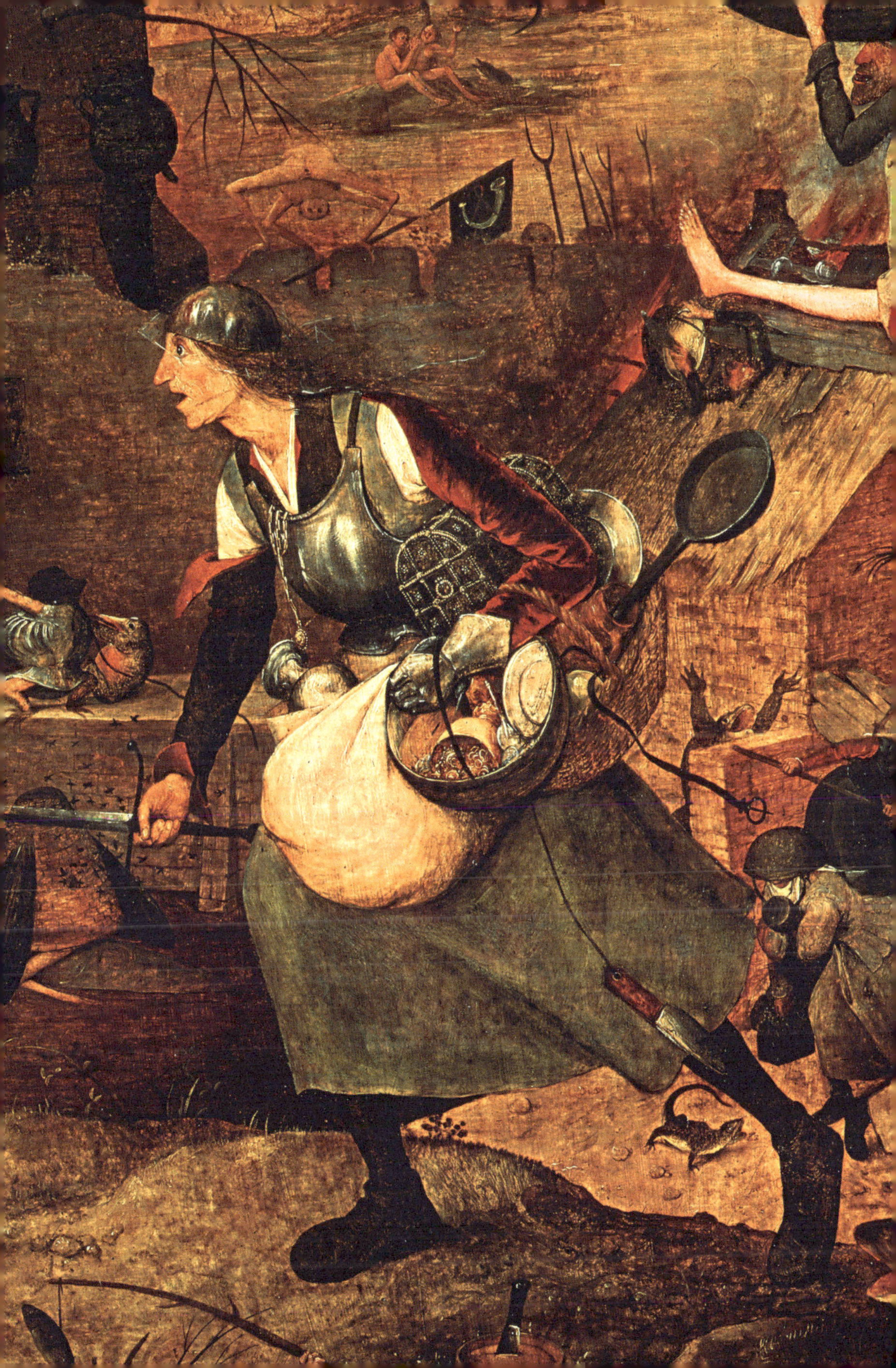

Départ pour le sabbat

Vers 1630

Du balai !

Le **balai** (symbole à la fois domestique et phallique) n'a pas toujours été la seule monture des sorcières. Dans les textes et les œuvres anciens, certaines sorcières s'envolent sur de simples **baguettes** ou sur des **animaux** réels (comme le bouc) ou hybrides, souvenirs de figures païennes effrayantes.

REPÈRES

La chasse aux sorcières

- **1420-1430** Début de la répression de la sorcellerie en Europe
- **1484** Bulle du pape Innocent VIII contre les sorcières
- **1486** Publication du *Marteau des sorcières*
- **1580-1670** Grande période de la chasse aux sorcières
- **1682** En France, fin de l'accusation de sorcellerie sans preuves
- **XVIIIe siècle** Fin de la chasse aux sorcières en Europe

Par la cheminée

Alors que la grande répression de la sorcellerie bat son plein en Europe du Nord, certains peintres deviennent des spécialistes du sujet. Le sabbat et ses préparatifs inspirent des scènes fantastiques teintées d'érotisme.

Il fait nuit, un faible croissant de lune éclaire la campagne. Une vieille femme vêtue d'un manteau noir entre dans une maison peuplée de sorcières. Un homme chevauchant un animal fantastique, des chauves-souris, serpents volants et autres monstres grimaçants complètent la scène. Leurs physionomies ne sont pas sans rappeler les créatures du génial Jérôme Bosch, actif un siècle plus tôt. Téniers déploie ici tous les éléments qui constituent l'imaginaire de la sorcellerie de son époque.

À la faible lueur des bougies, les sorcières préparent le départ pour le sabbat. Au premier plan, près d'un crâne posé à terre, une vieille femme lève la tête de sa lecture. Elle est accompagnée d'un démon cornu et griffu. Derrière elle, une jeune sorcière nue s'apprête à s'envoler par la cheminée. Un grimoire à la main, une femme termine de lui passer sur le corps l'onguent magique, préparé dans un chaudron, qui donne la capacité de voler à grande vitesse sur de longues distances. La sorcière s'envolera ainsi, à califourchon sur son balai, vers le lieu secret du sabbat. Lors de cette rencontre avec le Diable, Dieu et la Vierge seront exécrés, la messe sera dite à l'envers et des nourrissons seront sacrifiés avant l'orgie finale.

David II Téniers, de même que son compatriote Frans II Francken, est spécialiste des scènes de sorcières. Tous deux viennent d'Anvers, une région catholique limitrophe des Pays-Bas réformés. Sur ces terres, la peur des hérétiques, dans le contexte violent des guerres de religion, engendre un essor considérable de la chasse aux sorcières. Elles deviennent la figure de l'ennemi intérieur, celui qui pactise avec le Diable et met à mal l'organisation de la société chrétienne.

Quelle puissance que celle de la bien-aimée de Satan, qui guérit, prédit, devine, évoque les âmes des morts, qui peut vous jeter un sort [...].

Jules Michelet, *La Sorcière*, 1862

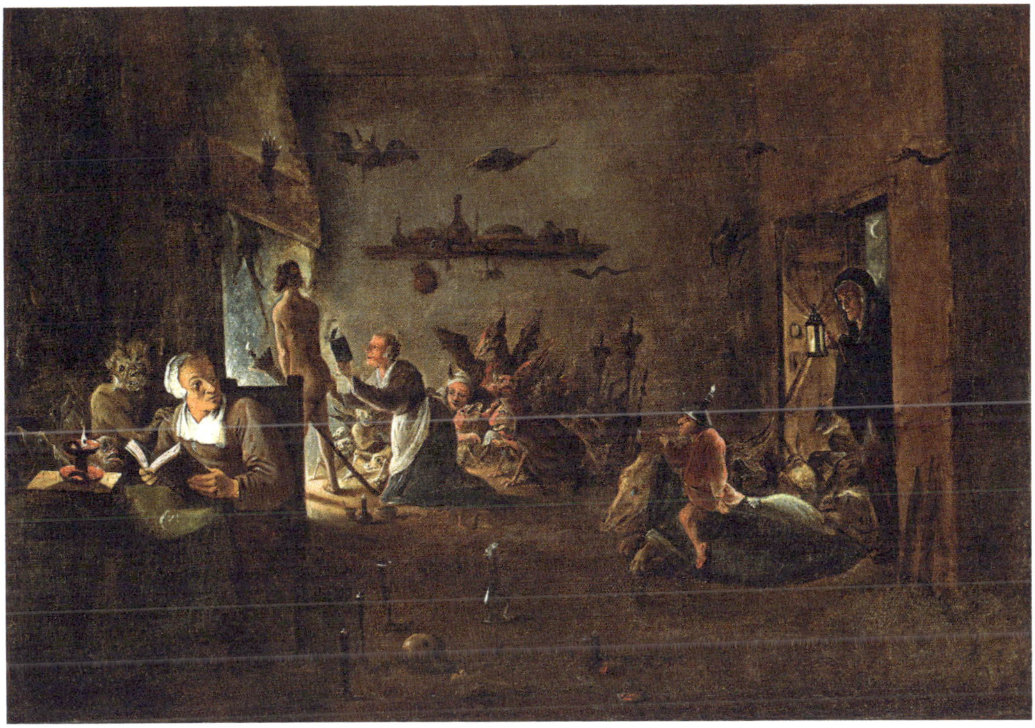

Départ pour le sabbat
David II Téniers
Vers 1630
Huile sur toile
Poitiers, musée Sainte-Croix

Les Trois Sorcières

1783

« Au Diable la nature »

Artiste et intellectuel, **Füssli** partage avec **William Blake** un mépris pour l'imitation du réel. Il préfère l'atmosphère des rêves et des cauchemars, la poésie noire et fantastique. « Au Diable la nature, dit-il, elle me coupe mes effets. »

REPÈRES

Une pièce inspirante

- **1784** Johann Heinrich Füssli, *Lady Macbeth*
- **1850** Eugène Delacroix, *Lady Macbeth somnambule*
- **1855** Théodore Chassériau, *Le Fantôme de Banquo*
- **vers 1859** Gustave Doré, *Macbeth est dans la caverne des sorcières*
- **1889** John Singer Sargent, *Ellen Terry en Lady Macbeth*
- **vers 1899** Odilon Redon, *Lady Macbeth*

Terribles profils

Les trois sorcières de Johann Heinrich Füssli, de profil sur fond noir, sont presque devenues des emblèmes du romantisme anglais. Elles semblent surgir de la nuit pour nous effrayer.

Voici les sorcières de *Macbeth*, la pièce de William Shakespeare, si « flétries » et si « farouches », chacune plaçant « son doigt noueux sur ses lèvres de parchemin ». Füssli suit avec précision le texte de Shakespeare (acte I, scène III) pour composer cette image des trois sœurs funestes. Sous leur capuche terne, les prophétesses ont le nez crochu et le regard dément, comme les vieilles sorcières des contes de fées. Leur visage est presque masculin. Leurs joues et leur menton sont parsemés de poils blancs, ce qui est fidèle au texte : « Vous devez être femmes, et pourtant vos barbes m'empêchent de croire que vous l'êtes. » Elles tendent leurs doigts vers ceux dont elles connaissent le destin.

Il s'agit de la seconde apparition des sorcières dans la pièce. Dans la lande, elles s'apprêtent à prononcer la prophétie qui va faire basculer la vie de Macbeth. Füssli est passionné par la pièce de Shakespeare. Dans sa jeunesse, il l'a lui-même traduite de l'anglais vers l'allemand. Attiré par l'Angleterre, il s'installe à Londres, où il connaît un succès considérable. Il collabore avec l'éditeur Boydell, créateur de la Shakespeare Gallery, et assiste à des représentations de pièces shakespeariennes. Ses compositions simples et dramatiques, aux éclairages forts et aux fonds sombres, ne sont d'ailleurs pas sans rappeler l'éclairage d'une scène de théâtre.

Füssli réalise de nombreux dessins et esquisses des trois sorcières, autour du chaudron, de face ou accroupies devant le général Macbeth et son ami Banquo. À l'époque, *Macbeth* est plus joué que *Roméo et Juliette*. Dans le Londres des années 1780, Shakespeare est partout.

Quelles sont ces créatures – si flétries et si farouches dans leur accoutrement.

William Shakespeare, *Macbeth*, 1606, acte I, scène III

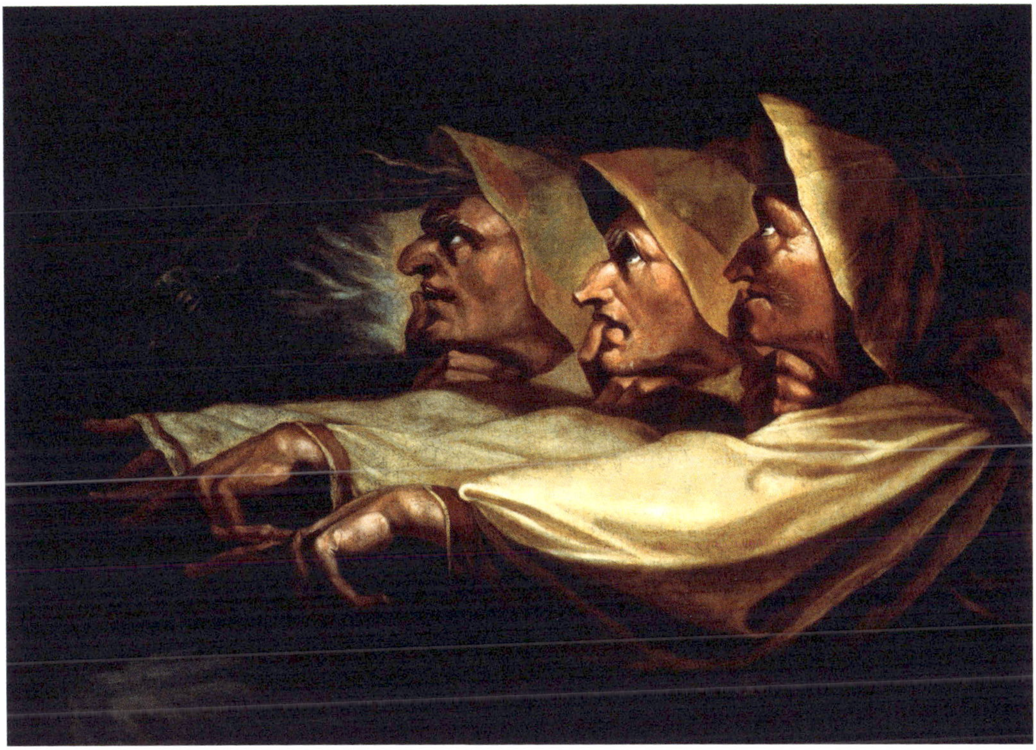

Les Trois Sorcières
Johann Heinrich Füssli
1783
Huile sur toile
Zurich, Kunsthaus Zürich

Le Sabbat des sorcières

1797-1798

Le bouc

À partir de l'époque médiévale, le bouc devient l'animal du **Diable** et la monture des sorcières. Il incarne l'**avidité sexuelle** (reliquat des cultes païens de fertilité) et est condamné pour son **comportement agressif**, son pelage sombre et surtout ses longues cornes pointues. Il est l'opposé de l'agneau de Dieu, doux, blanc, sans cornes.

Les sorcières basques

En Espagne, l'Inquisition est clémente face à la prétendue sorcellerie. Seul le Pays basque brûle des sorcières, lors du **procès de Logroño**, en Navarre, en 1609. Tout commence par des dénonciations de sabbat dans une grotte du village de **Zugarramurdi**. Avec plusieurs milliers de suspects, il s'agit du plus grand procès pour sorcellerie d'Europe.

Le Sabbat des sorcières
Francisco de Goya
1797-1798
Huile sur toile
Madrid, musée Lázaro Galdiano

Autour du bouc

À la lueur de la lune, des chauves-souris volent au-dessus d'une scène de sabbat présidé par le Diable, un grand bouc noir. Autour de lui, des sorcières sont réunies et lui présentent des cadavres de nourrissons.

Assis tel un homme, le grand bouc noir lève ses pattes à la manière d'un chef d'orchestre. Ses cornes immenses sont ornées de feuilles de vigne. Il est entouré de vieilles sorcières laides et édentées. Leurs cheveux lâchés et leurs épaules dénudées soulignent la dépravation de leurs mœurs. Le bouc reçoit de leur part les cadavres, plus ou moins squelettiques, de nouveau-nés. Certains sont à terre, d'autres pendus à un bâton. Une sorcière debout s'approche du bouc pour lui tendre un nourrisson encore vivant, rose et dodu. Selon des croyances médiévales, lors du sabbat, le Diable dévore des enfants sacrifiés. Les sorcières se servent des dépouilles pour concocter l'onguent qui leur permet de s'envoler dans les airs.

À la fin du XVIIIe siècle, la chasse aux sorcières n'est plus qu'un mauvais souvenir. Mais Francisco de Goya, fasciné par la part d'ombre et de folie de l'esprit humain, connaît cet épisode terrible. En tant qu'Espagnol, il se rappelle des procès du Pays basque. L'Inquisition avait alors décidé d'éliminer la sorcellerie de cette région aux croyances néopaïennes encore vivaces. D'ailleurs, le titre original de cette scène horrifique est *El Aquelarre*, dérivé du basque *Akelarre*, qui signifie « la lande du bouc ». Il s'agit d'un nom de lieu, celui de la réunion des sorcières autour d'Aker, une divinité maléfique et souterraine ressemblant à un bouc, dans la mythologie basque.

Vingt ans plus tard, Goya reprend le thème du grand bouc pour décorer sa propre maison, avec une peinture sur plâtre, tout en longueur. Elle est encore plus effrayante que notre petite œuvre, réalisée pour les ducs d'Osuna.

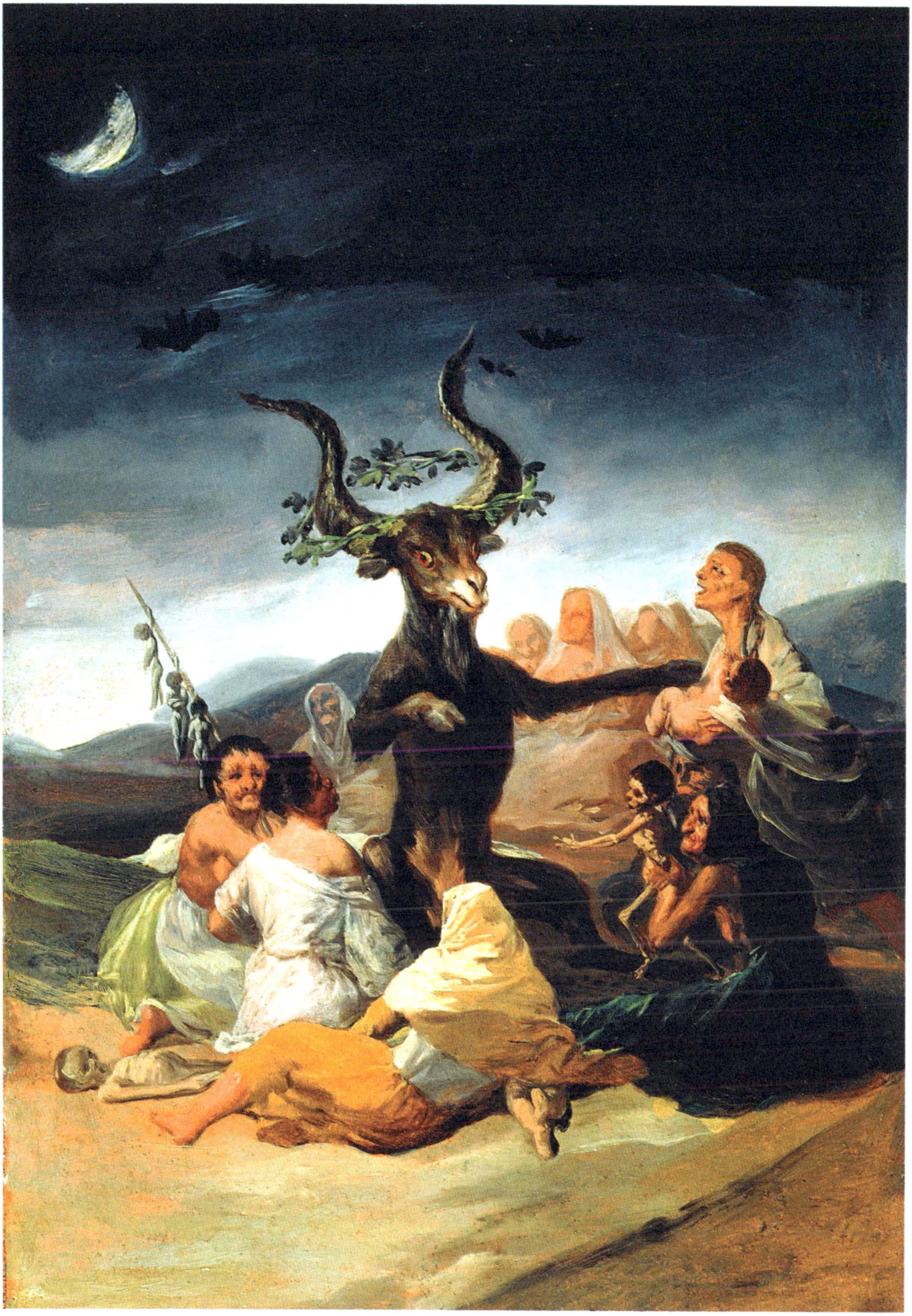

Le Vol des sorcières

1797-1798

Nouvel obscurantisme

Même s'il est critique vis-à-vis des monarques, **Goya** commence sa carrière comme peintre de cour pour le **roi Charles IV**. Dans les années 1790, la Révolution française plonge les monarchies dans la terreur et la guerre éclate en Europe. Après le siècle des Lumières, Goya observe autour de lui un nouvel obscurantisme politique, qu'il ne cesse de dénoncer à travers ses œuvres.

Même pas peur...

Dans une lettre à **Martín Zapater** en 1792, **Goya** affirme ne pas avoir « peur des sorcières, des lutins, des apparitions, des géants vantards, des esprits malins, des farfadets... ni d'aucun autre genre de créatures hormis l'être humain ».

Le Vol des sorcières
Francisco de Goya
1797-1798
Huile sur toile
Madrid, musée du Prado

Situation critique

Les sorcières de Goya sont certainement les plus célèbres de l'histoire de l'art. Coiffées d'immenses chapeaux pointus, elles s'élèvent dans les airs en tenant dans leurs bras un homme nu. Alors qu'il se débat, elles posent leurs bouches inquiétantes sur sa peau.

Trois sorcières en vol ont capturé un homme. Elles sont torse nu, vêtues d'une jupe dont la couleur correspond à leur coiffe. Il y a la bleue, la rose et la jaune, un rythme ternaire dynamique qui correspond aux trois couleurs primaires - le rose étant un rouge affadi coupé de blanc. Leurs hauts chapeaux pointus sont décorés de petits serpents. Ils sont inspirés de la *coroza*, la coiffe en papier des condamnés de l'Inquisition espagnole et portugaise. Ce couvre-chef infamant était porté lors des cérémonies de pénitence publique, appelées « actes de foi » (ou *auto da fé* en portugais). Goya représente souvent ces scènes, dénonçant ainsi les sévices du tribunal religieux. Cela dit, les coiffes des sorcières sont un peu différentes, car elles se divisent telles des mitres d'évêque démesurées. La critique de la violence religieuse n'en est que renforcée.

Au sol, deux hommes effrayés se cachent pour ne pas assister à la scène. L'un, debout, se couvre la tête de son manteau et l'autre, allongé le visage contre terre, se bouche les oreilles avec ses mains. Les sorcières produiraient-elles une lumière aveuglante et un bruit assourdissant ? Certains voient en l'homme debout le symbole de l'obscurantisme religieux. Il est d'ailleurs suivi par un âne, un emblème de la bêtise et de l'ignorance récurrent dans l'œuvre de Goya.

Cette scène fascinante, à la touche enlevée et à la composition puissante, fait partie d'une série de six toiles peintes par Goya pour la maison de campagne du duc et de la duchesse d'Osuna, un couple d'intellectuels éclairés, mécènes sensibles au nouvel art romantique.

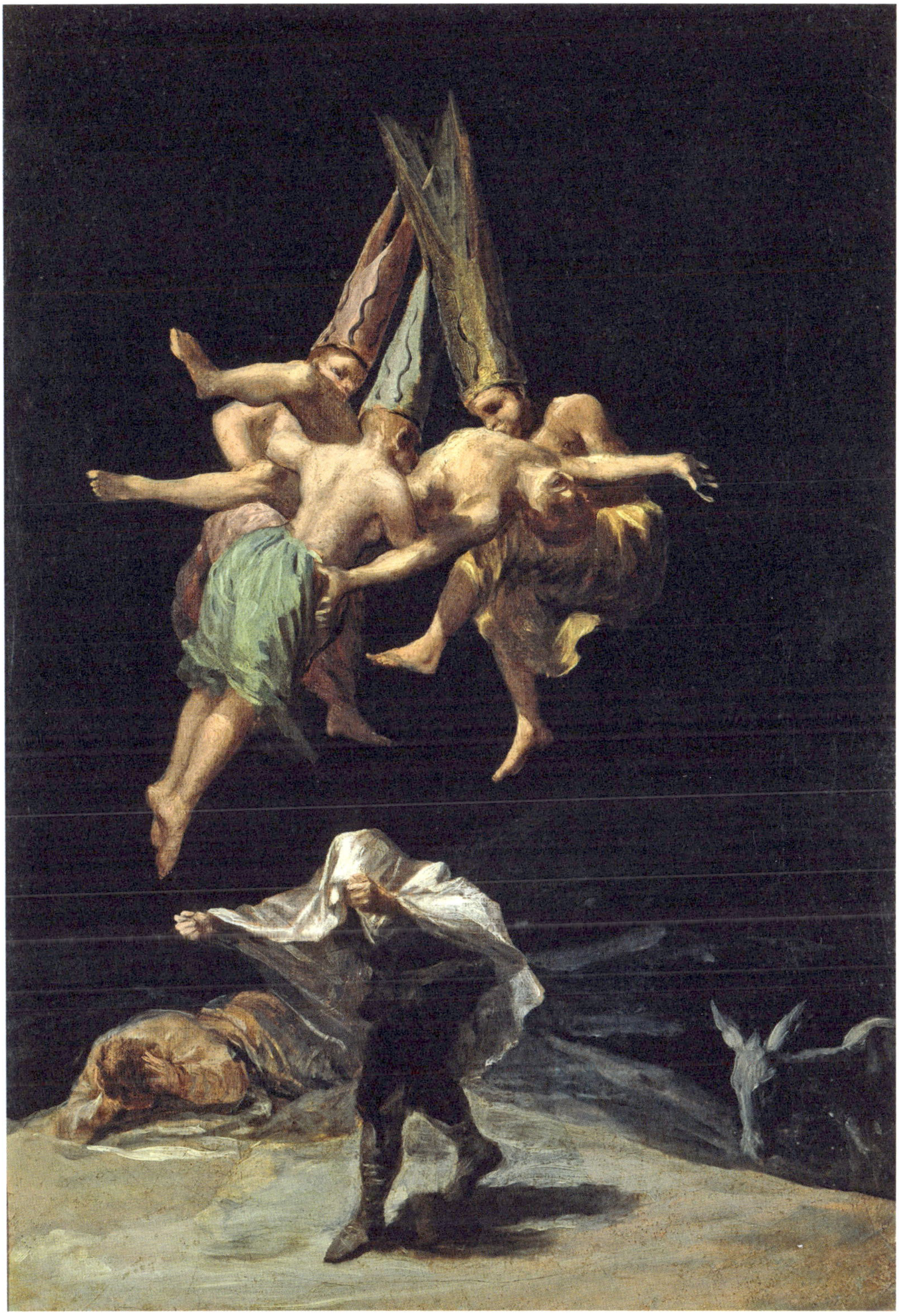

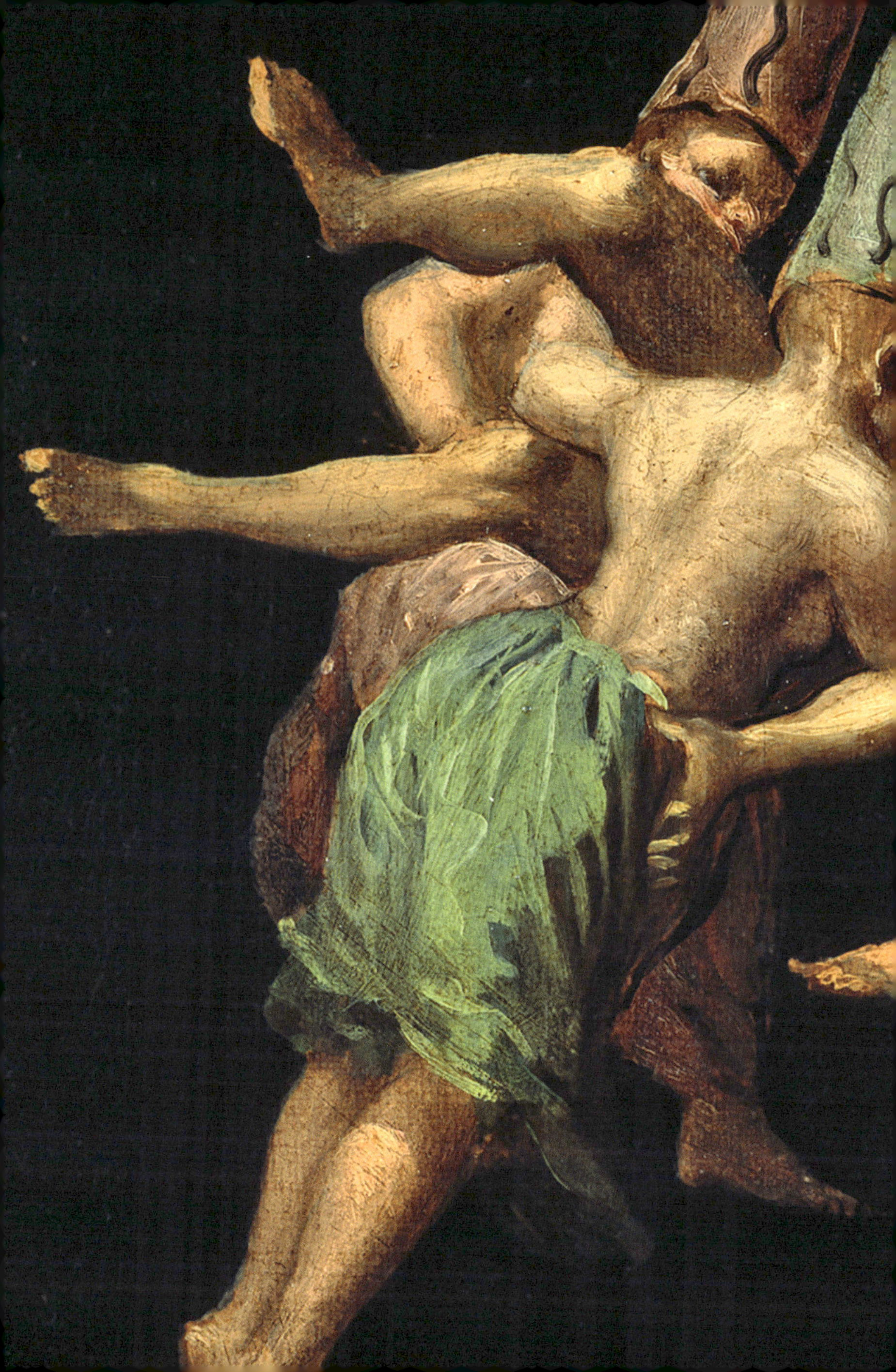

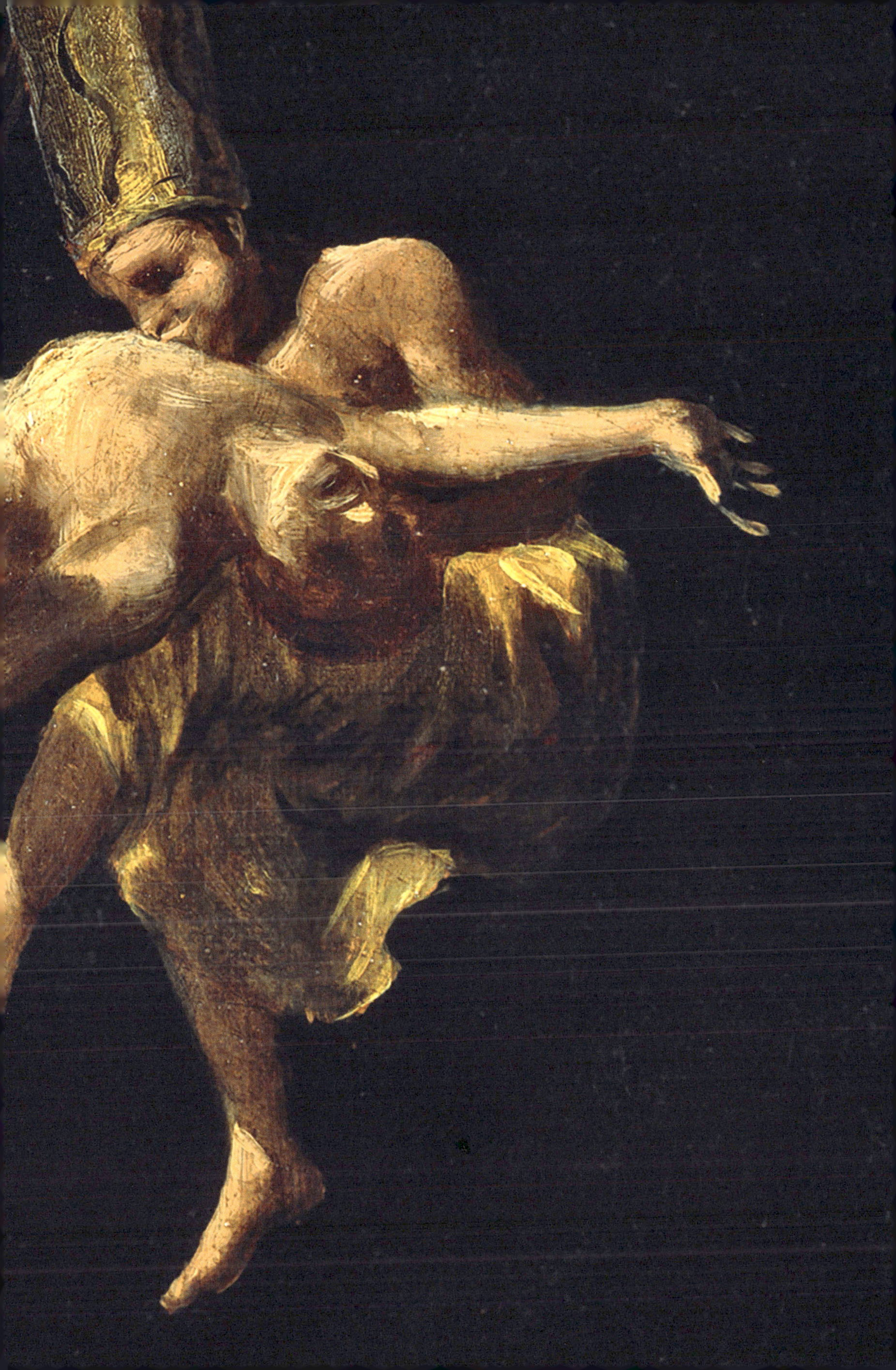

Macbeth et l'apparition

Vers 1800

La prédiction

Hécate, la déesse et reine des sorcières,dit : « Cette goutte fera surgir des apparitions fantastiques qui, par la force de leurs illusions, l'entraîneront à sa ruine ». **William Shakespeare**, *Macbeth*, acte III, scène V (traduction de François-Victor Hugo)

So British

William Marshall Craig est aquarelliste de la reine, peintre de miniatures et illustrateur de livres. L'**aquarelle** est une invention anglaise de la fin du XVIIIe siècle très prisée par les premiers artistes romantiques. À Londres, en 1804, on crée même la **Royal Watercolour Society**, une institution réunissant des peintres aquarellistes.

Terrible vision

Cet élégant dessin au lavis et à l'aquarelle représente un sujet très en vogue à la fin du XVIIIe siècle en Angleterre : les sorcières du *Macbeth* de Shakespeare.

Nous sommes au début de l'acte IV de la pièce du dramaturge. Macbeth a commis avec son épouse un régicide suivi d'une série de sordides assassinats. Alors qu'ils sombrent tous deux dans la folie et la paranoïa, Macbeth décide de retourner consulter les sorcières. Il brûle de connaître son terrible destin.

Les sorcières, sous la tutelle de la déesse infernale Hécate, se consultent et répondent à Macbeth à l'aide de trois apparitions. La première est une tête… La didascalie précise : « Tonnerre. Une tête armée d'un casque apparaît hors de terre. » Craig dessine un Macbeth de profil. Surpris, il recule légèrement face au visage casqué émergeant de la fumée du chaudron. Il fixe Macbeth de son regard halluciné et ouvre la bouche pour se mettre à parler. Les trois sorcières aux cheveux flottants lèvent leurs bras maigres, tels des chefs d'orchestre. Des petits démons volent autour de la scène.

Le dessin de Craig est linéaire et mesuré, telle la ligne claire de la bande dessinée avant l'heure. L'esthétique néoclassique est encore dominante en Angleterre à la fin du XVIIIe siècle. Elle va de pair avec l'inspiration antique. Même si Shakespeare situe son action en plein Moyen Âge, Craig revêt Macbeth d'un costume de soldat romain. La composition et les mouvements des personnages ne sont d'ailleurs pas sans rappeler une peinture emblématique du néoclassicisme : *Le Serment des Horaces* de David (1784), une œuvre connue à Londres par la gravure. Cela dit, le thème fantastique marque le basculement vers la sensibilité romantique naissante. Aucun artiste londonien de l'époque ne peut ignorer, par exemple, le grand succès des œuvres de Füssli (voir p. 31).

Macbeth et l'apparition
William Marshall Craig
Vers 1800
Encre, lavis et aquarelle sur papier
New Haven, Yale Center for British Art

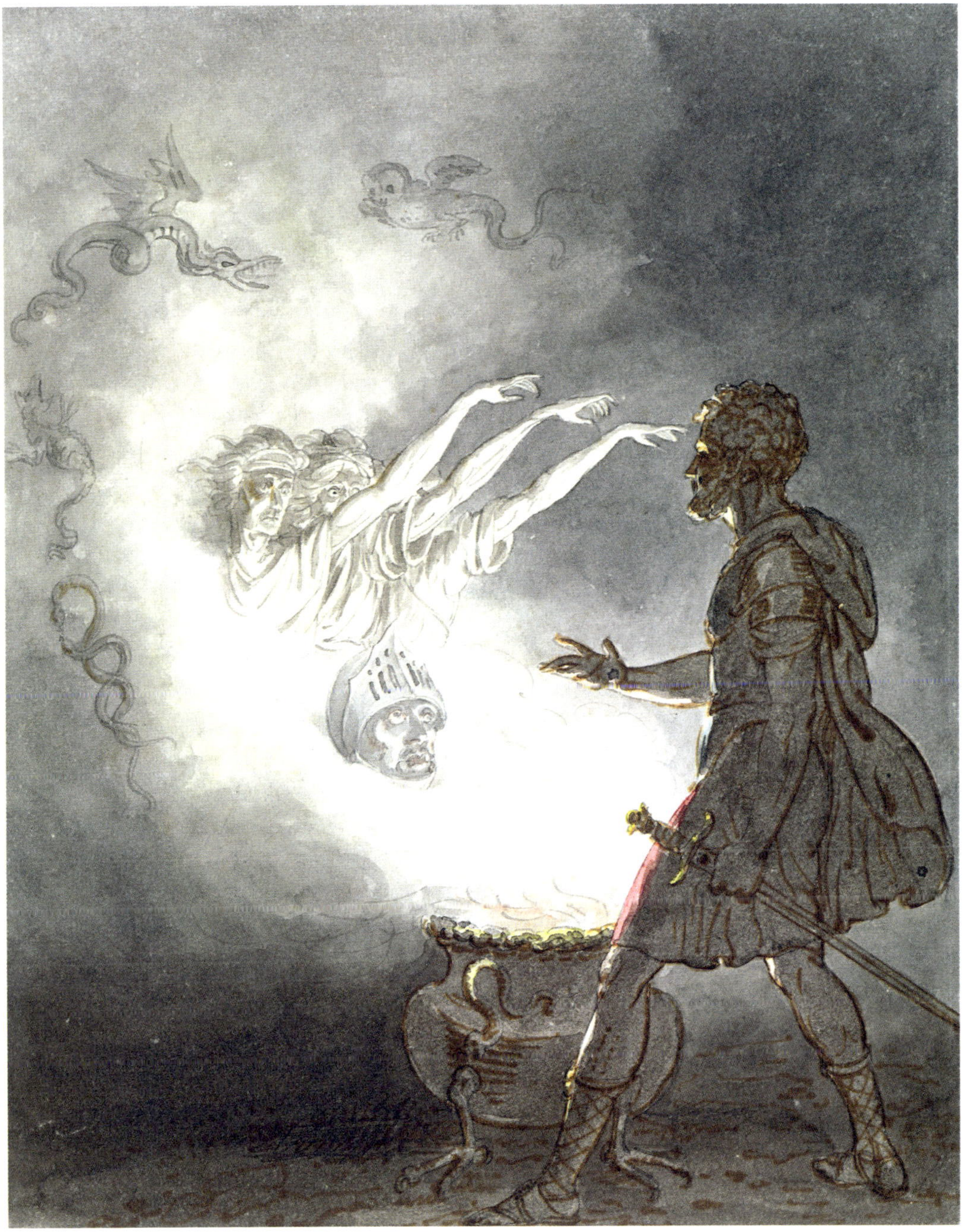

La Martyre de Salem

1869

Des sorcières populaires

La pièce du dramaturge **Arthur Miller**, reprise au cinéma en 1957 avec **Yves Montand** et **Simone Signoret**, est le plus célèbre exemple d'adaptation de procès. Et on ne compte plus les citations dans la culture populaire anglo-saxonne (*Ma sorcière bien-aimée*, *Charmed*, *Harry Potter*...).

Les procès de Salem en résumé

Lieu: Salem, Massachusetts
Dates: fév. 1692 - mai 1693
Premières accusatrices: Betty Parris (9 ans) et Abigail Williams (11 ans)
Premières accusées: Sarah Good (une mendiante), Sarah Osborne (une marginale) et Tituba (une domestique barbadienne)
Arrestations: une centaine de personnes
Exécutions: 14 femmes et 6 hommes

La Martyre de Salem
Thomas Satterwhite Noble
1869
Huile sur toile
New York, New York Historical Society Museum & Library

La sorcière blanchie

Les procès des sorcières de Salem ont fait couler beaucoup d'encre et inspiré les artistes. Même si l'affaire n'a duré que quelques mois, ce fut la plus importante chasse aux sorcières d'Amérique du Nord.

Une jeune femme modeste avance sur un chemin. Elle est entourée d'hommes au visage sévère. Tous sont vêtus à la mode puritaine de ce qu'on appelle alors la Nouvelle-Angleterre. La corde qui attache ses mains et le mandat que tient l'homme à sa droite sont clairs: elle a été arrêtée et se dirige vers le lieu de son procès.

Nous sommes en 1692, lors des fameux procès de Salem. Cette année-là, le petit village puritain du Massachusetts semble sombrer dans la folie. Après que deux enfants ont désigné trois femmes, les accusations s'enchaînent et les condamnations pleuvent: emprisonnements, pendaisons... En quelques mois, plus de cent personnes sont suspectées d'être des sorcières. Ce sont des femmes pour l'écrasante majorité, mais il y a aussi quelques hommes au banc des accusés. Au départ, on calomnie une métisse, une marginale, puis quiconque, jeune ou vieux, trop ou pas assez pieux ou serviable...

Cette peinture date de la fin du XIXe siècle, une période qui témoigne d'une redécouverte passionnée de l'histoire de Salem. L'artiste, Thomas Satterwhite Noble, est alors célèbre à New York pour ses toiles abolitionnistes. Engagé contre les injustices, il répare par la peinture celles dont ont été victimes les accusés de sorcellerie. Il représente la jeune sorcière comme une martyre chrétienne, le visage blanc et pur, le regard pieux, la tête auréolée par le ciel doré du couchant. À cette époque, aux États-Unis, il est évident pour tout le monde que les sorcières n'ont jamais existé. Les condamnées de Salem sont des victimes de la bigoterie, de la superstition, de la méchanceté ou simplement de l'ignorance de leurs contemporains.

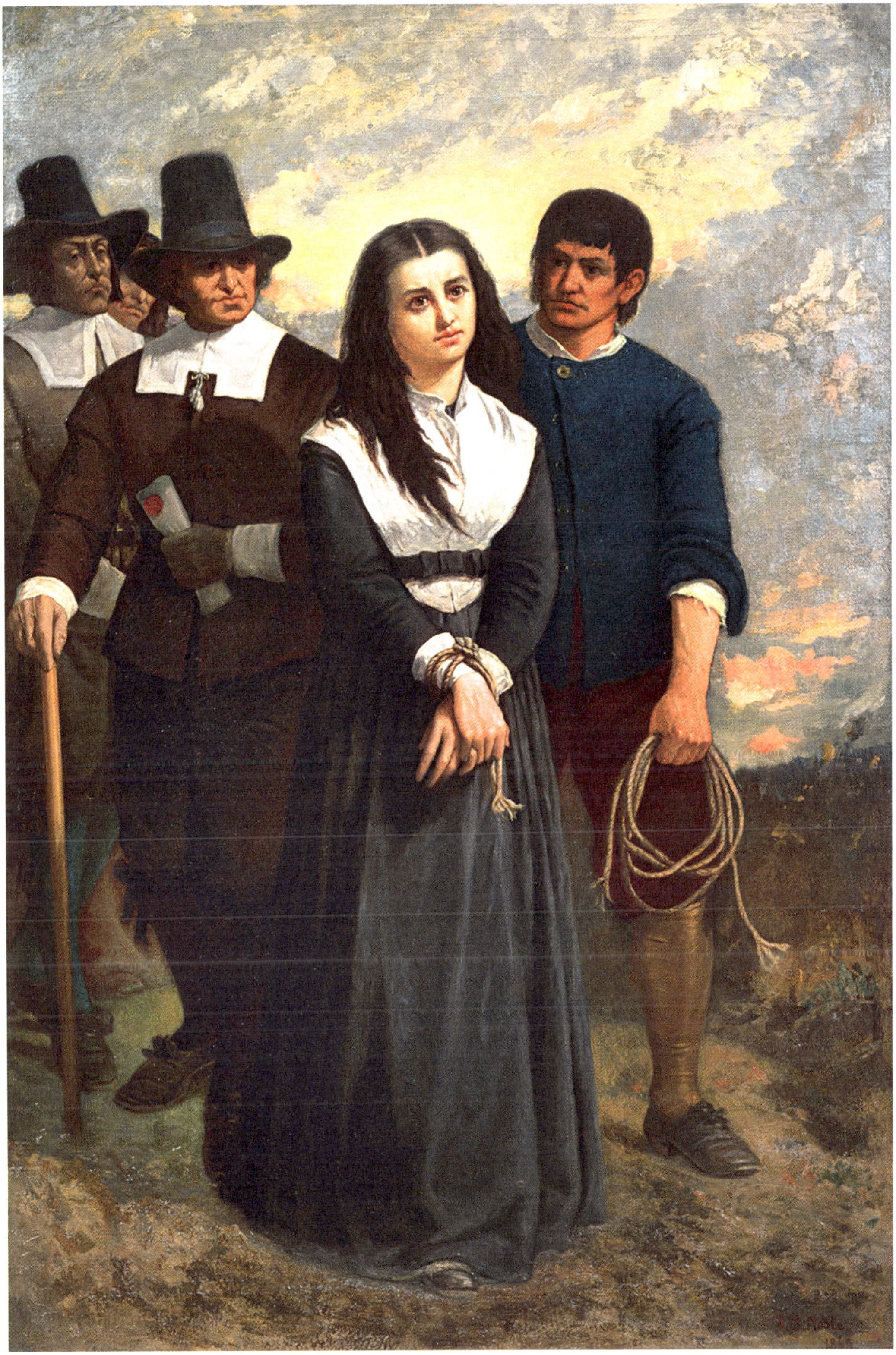

Le Cercle magique

1886

Oiseau de mauvais augure

Le **corbeau** est un oiseau à la symbolique ancienne très négative. La faute à son plumage et à son bec noirs, son cri rauque et surtout sa nécrophagie. **Charognard** qui rôde autour des champs de bataille, il est associé à la **mort** et aux âmes perdues. Il devient progressivement le complice du **Diable** et des **sorcières** au Moyen Âge et à la Renaissance.

Esprit, es-tu là ?

John William Waterhouse s'inspire-t-il, pour la fumée blanche, de **photographies ectoplasmiques** ? Ces photographies (en réalité des montages) sont prises au cours de séances de **spiritisme**, une pratique qui suscite un engouement important dans l'Angleterre victorienne.

Le Cercle magique
John William Waterhouse
1886
Huile sur toile
Londres, Tate Gallery

Magie noire

Debout face à un chaudron de cuivre bouillonnant, une sorcière trace sur le sol un cercle magique qui étincelle et prend feu. Des corbeaux la regardent, tandis qu'une apparition semble naître de la fumée du chaudron.

Cette sorcière aux cheveux ébouriffés et à la longue robe a passé un bouquet dans sa ceinture. De sa main droite, elle trace dans la poussière du sol un cercle magique. En dehors du cercle, des animaux liés à la sorcellerie l'observent : un crapaud et des corbeaux. L'un est perché sur un crâne, symbole de mort, tandis qu'un autre est en train d'atterrir. Il arrive à temps pour l'accomplissement du rituel. De sa main gauche, la sorcière tient une serpe. Est-ce une druidesse celtique ? Pas si l'on considère l'architecture à l'arrière-plan et sa frange brune qui l'assimile à une prêtresse égyptienne. Mais alors, pourquoi le personnage brodé au bas de sa robe ressemble-t-il à une Gorgone, ce monstre de la Grèce antique ?

Le peintre britannique John William Waterhouse crée une ensorceleuse fascinante, fruit d'un éclectisme savant parfaitement résumé dans son étrange collier : un serpent qui se mord la queue. Ce motif, l'ouroboros, est présent dans de nombreuses mythologies : égyptienne, asiatique, védique, nordique... Il symbolise un cycle d'évolution refermé sur lui-même, la création qui naît de la destruction dans un éternel retour. Il fait écho au cercle sur le sol, au chaudron circulaire et peut-être aux chants incantatoires marmonnés en boucle par la sorcière.

Waterhouse partage avec les préraphaélites et de nombreux symbolistes une attirance pour l'ésotérisme, les mythes anciens et les sciences occultes. Les symbolistes considèrent le cercle comme la forme parfaite et une force cosmique supérieure. On retrouve cette forme pure dans d'autres tableaux de Waterhouse, dont la célèbre *Circé* (1891) tenant une coupe ronde devant un miroir circulaire... encore une histoire de sorcières.

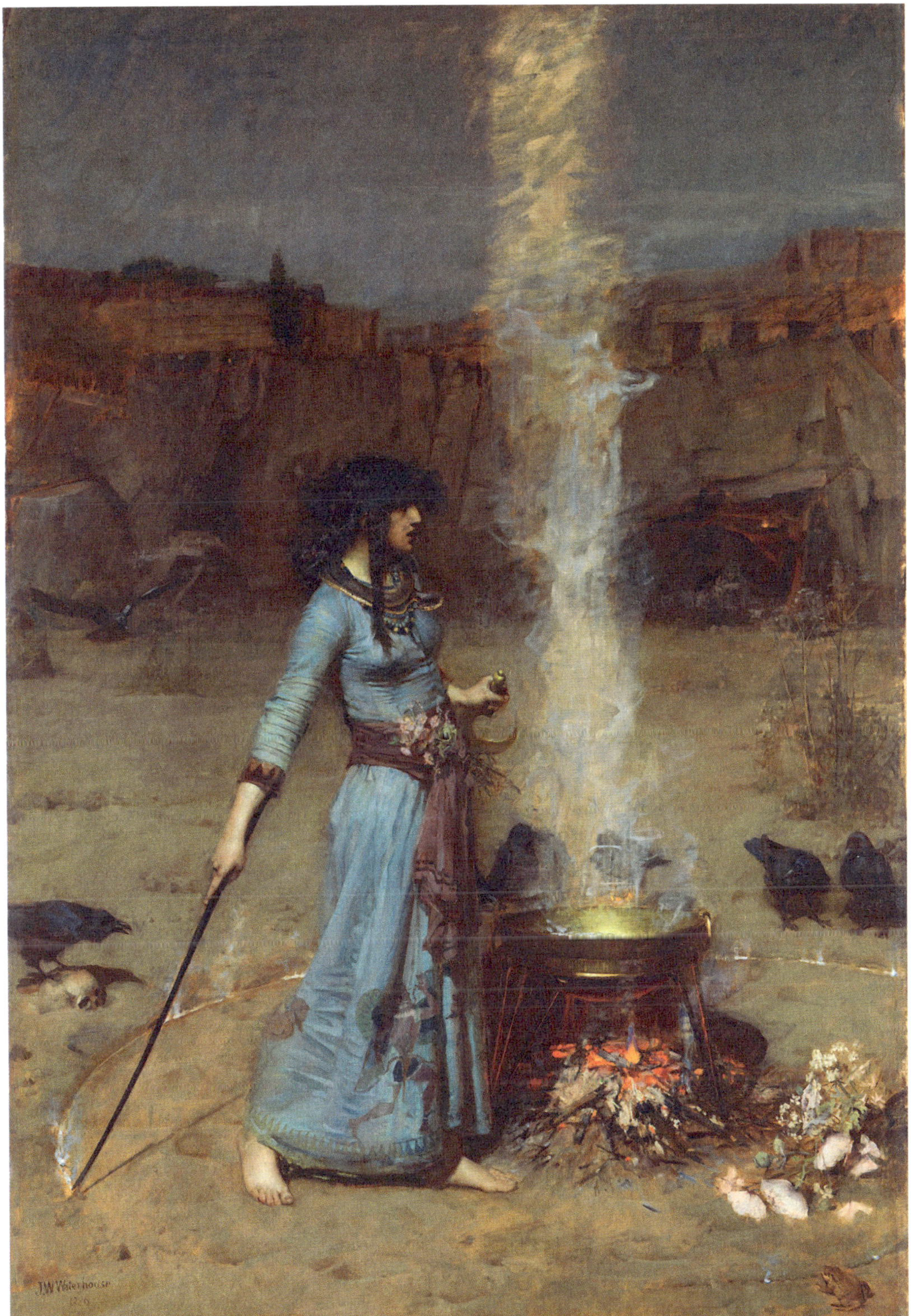

Les Sorcières autour du feu

1891

Du spirituel dans l'art

Ranson développe un univers mystique souvent inspiré par la nature et les rites magiques. Il mêle à ses multiples influences (illustrations de contes, **art japonais**, **symbolisme**, **Art nouveau**) une quête perpétuelle de spiritualité. Ses amis surnomment même son atelier le « Temple ».

Qui sont les nabis ?

Sérusier, **Bonnard**, **Denis**, **Ranson**, **Vuillard**, **Roussel** et **Vallotton** sont de jeunes peintres qui souhaitent rompre avec l'illusion de la réalité en art. Intéressés par les textes ésotériques, ils se font appeler les nabis (« prophètes » en hébreu). Ils développent vers 1890 un style décoratif et japonisant.

Tout feu, tout flamme

La scène est naïve et colorée. Quatre sorcières rouges, nues, sont accroupies en cercle autour d'un chaudron fumant. Jaune, blanc et bleu, la fumée dessine dans une volute le profil d'un diablotin.

La sorcière de gauche attise les flammes à l'aide d'un soufflet. Celle de droite rit la bouche ouverte. Son haut chapeau conique, orné de symboles géométriques, se termine par un voile. Il évoque autant le hennin médiéval - condamné par l'Église car trop proche des cornes du Diable - que la coiffe portée par les hérétiques lors des anciens procès de l'Inquisition. Cette sorcière regarde la vapeur s'échapper du chaudron.

Ranson déploie tout l'attirail iconographique traditionnel de la sorcellerie. Outre la nudité des sorcières, le chapeau pointu et le chaudron fumant, il peint deux chats, un serpent, une souris et un crâne. Deux petits monstres enfantins, un serpent à tête humaine et un oiseau-serpent aux ailes de chauve-souris complètent l'assemblée.

La triade des couleurs primaires organise avec vivacité cette réunion autour du feu : le rouge sensuel, le jaune lumineux et le bleu mystérieux s'équilibrent. Comme la plupart de ses amis du groupe nabi, Ranson travaille la couleur en aplats, sans ombres, et les contours sont sinueux. Il regarde vers les estampes japonaises, l'illustration et la gravure sur bois pour renouveler son inspiration. Il ne s'intéresse plus au naturalisme, mais à la puissance expressive de la peinture.

Deux ans après *Les Sorcières autour du feu*, Ranson est à nouveau inspiré par ce thème dans une autre œuvre, plus sombre et mélancolique : *La Sorcière au chat noir* (1893, Paris, musée d'Orsay). Réalisée dans un camaïeu de noir et de brun, la femme encapuchonnée est entourée d'un réseau de formes symboliques et décoratives : chauve-souris, chat noir, pelote, pentacle inversé et signe de Mercure.

Pour faire un charme puissant en trouble,
Bouillez et écumez comme une soupe d'enfer.

William Shakespeare, *Macbeth*, 1606, acte IV, scène I

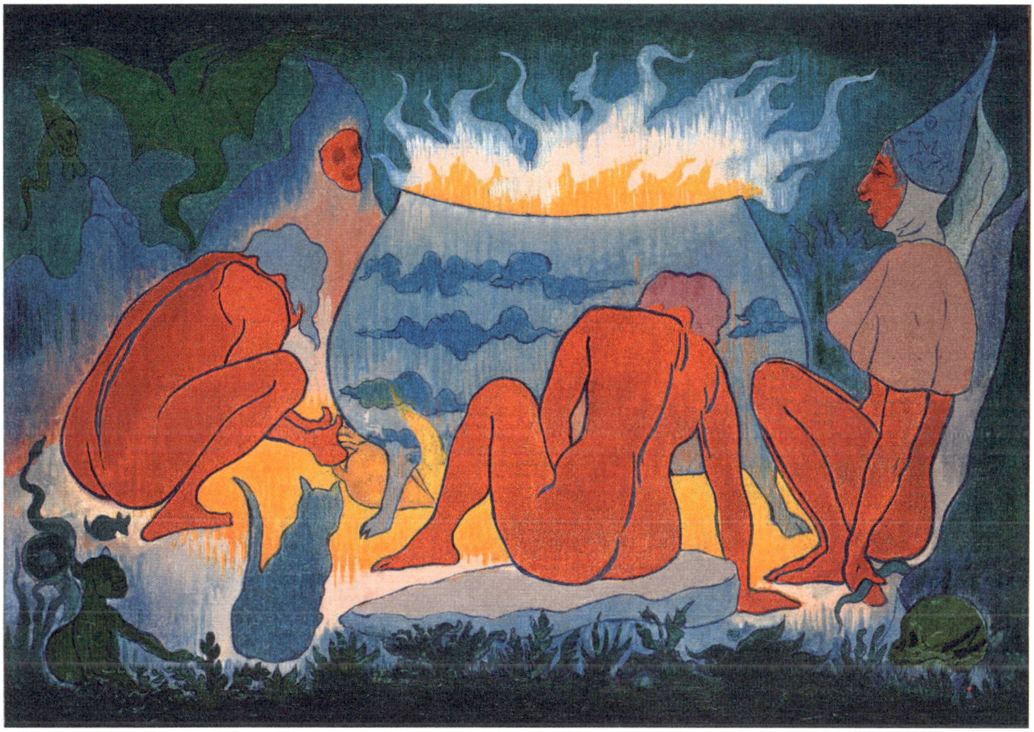

Les Sorcières autour du feu
Paul-Élie Ranson
1891
Huile sur toile
Saint-Germain-en-Laye,
musée départemental Maurice-Denis

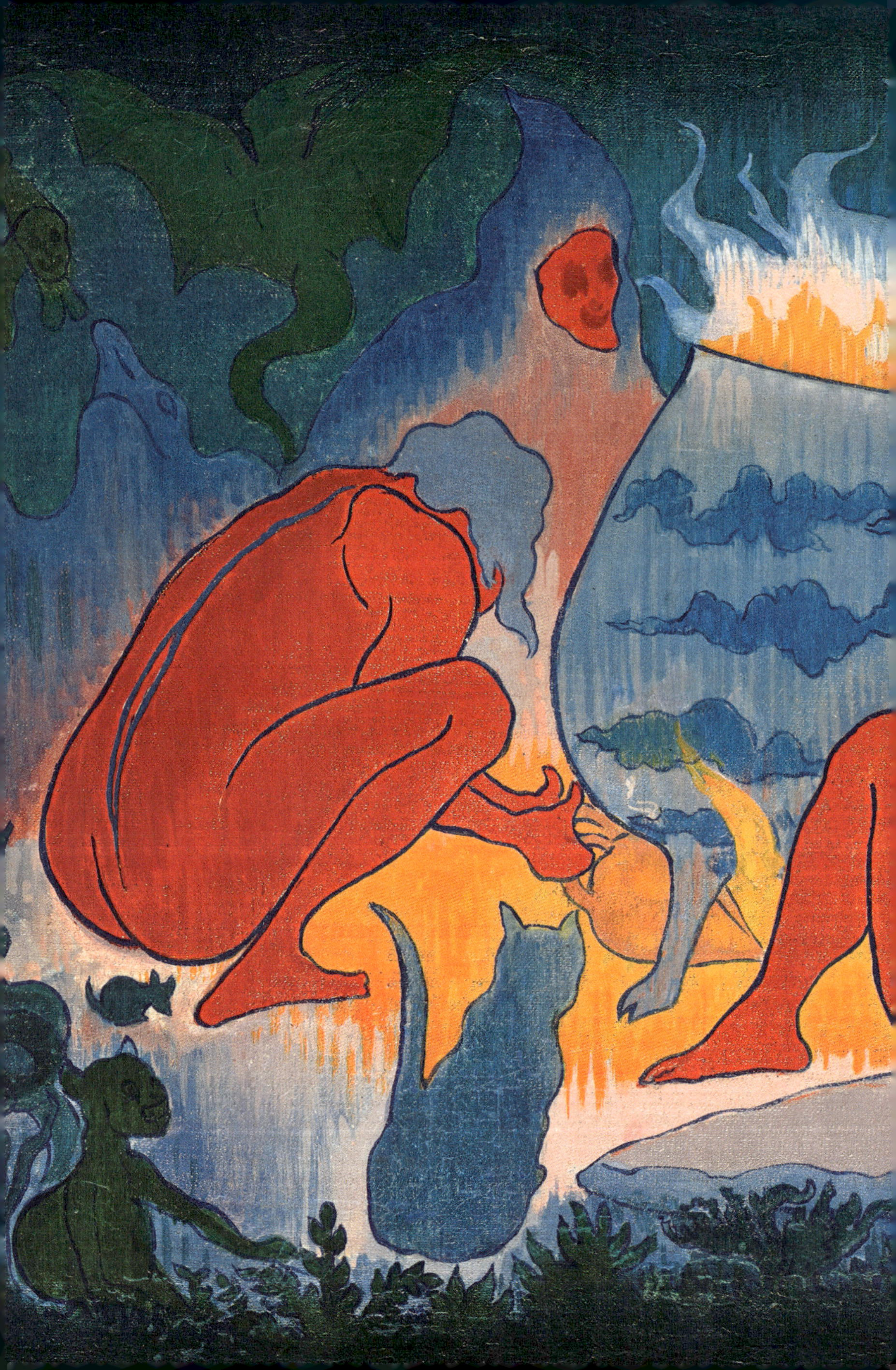

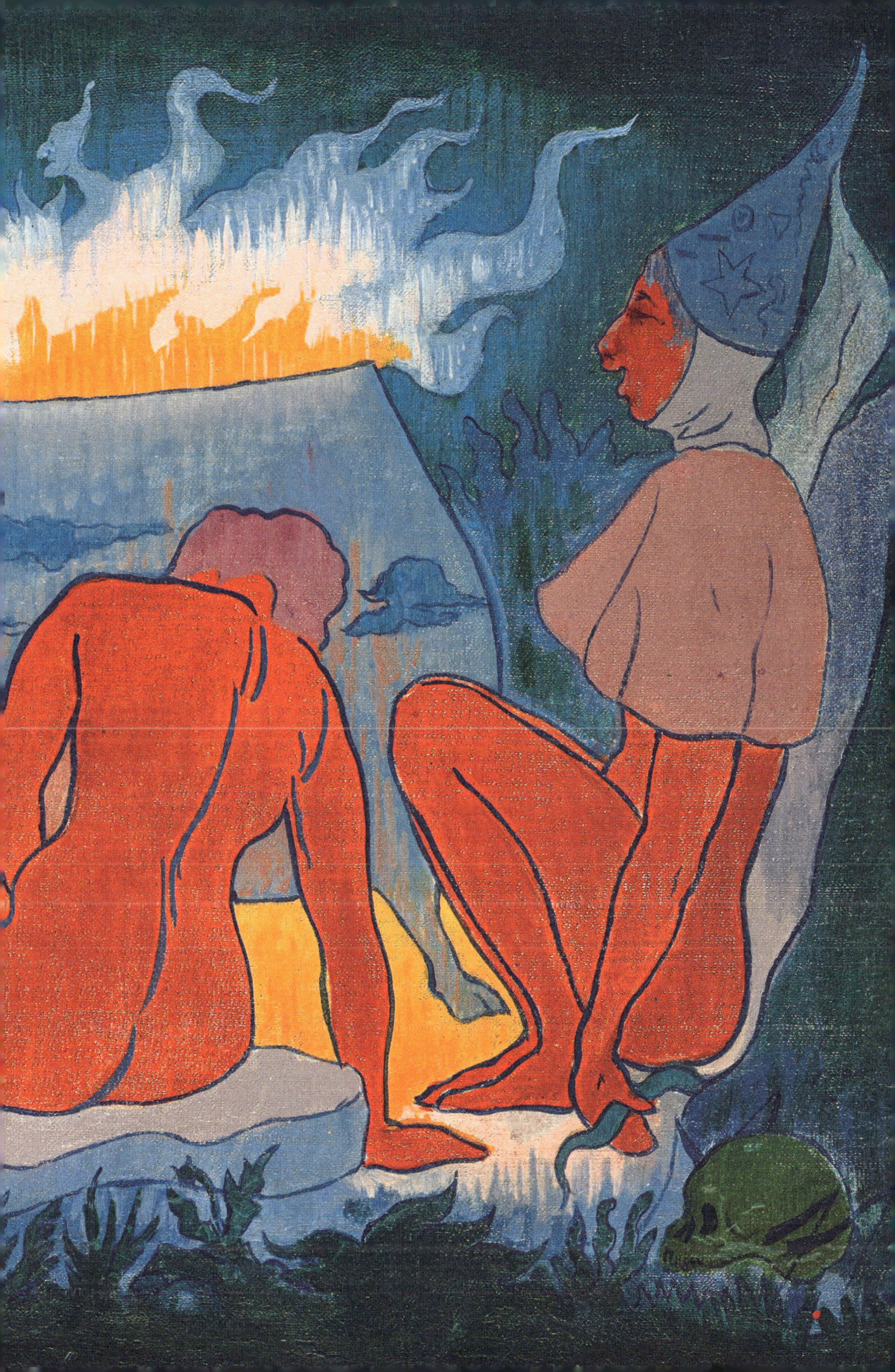

Les Sorcières

1892-1893

Qu'est-ce que le décadentisme ?

Il s'agit d'un état d'esprit, très présent dans les milieux littéraires et artistiques de la fin du XIXe siècle. L'esthétique décadente est raffinée à l'excès, maniérée, mélancolique, bourgeoise... L'écrivain décadent le plus célèbre est **Oscar Wilde**.

Indomptables crinières

Jusqu'au XXe siècle, en Occident, seules les jeunes filles et les prostituées laissent leurs cheveux **détachés**. La femme vertueuse doit être **voilée**, **chapeautée** ou **coiffée**. De la prostituée à la sorcière, il n'y a qu'un pas. Les artistes accentuent la liberté de la chevelure par un aspect **ondulé** ou **ébouriffé** et une couleur sensuelle : le roux.

Les Sorcières
Aubrey Beardsley
Illustration pour
Le Morte d'Arthur (chapitre XXXIII)
1892-1893
Lithographie
Collection particulière

Envoûtantes chevelures

Voici deux sorcières. L'une nous ignore, l'autre nous fixe de son regard perçant. Elle fronce les sourcils et lève trois doigts : le pouce, l'index et le majeur. Nous met-elle en garde ou nous jette-t-elle un sort ?

Les sorcières d'Aubrey Beardsley sont sensuelles et dangereuses. Celle qui nous regarde esquisse-t-elle un geste magique ? Nous prévient-elle d'un danger imminent ? Son étrange posture n'est pas sans rappeler celle du Christ. Mais la méfiance est de mise face à la fiancée de Satan. Derrière elle, une autre sorcière, d'apparence identique, lève le menton avec dédain dans un profil parfait. Un morceau de chevelure, à gauche, suggère une troisième femme.

Aubrey Beardsley est un virtuose du noir et blanc. Avec une grande économie de moyens, il crée des images d'une forte expressivité. Sur un fond noir, les visages blancs au menton pointu et aux lèvres boudeuses sont encadrés par une abondante chevelure. Ces crinières ondoyantes envahissent l'image comme une cascade et créent un aspect hypnotique. Beardsley est souvent qualifié de psychédélique avant l'heure. Très jeune, il développe un univers graphique unique, immédiatement reconnaissable. Il oscille avec élégance entre érotisme et décadence. Le jeune dandy, mort à seulement vingt-cinq ans de la tuberculose, est formé dans le sillage historiciste des préraphaélites et de la mouvance décorative d'Arts & Crafts.

Remarqué en 1892 par l'éditeur J.M. Dent, il illustre le roman médiéval *Le Morte d'Arthur*. Ce roman écrit au XVe siècle par Sir Thomas Malory est une source d'inspiration pour de nombreux peintres anglais. C'est pour le chapitre XXXIII, que Beardsley dessine ces sorcières. Elles en ornent la vignette d'ouverture. L'ensemble des illustrations créées pour ce roman est un véritable succès. Ces images sont vite considérées comme son premier chef-d'œuvre.

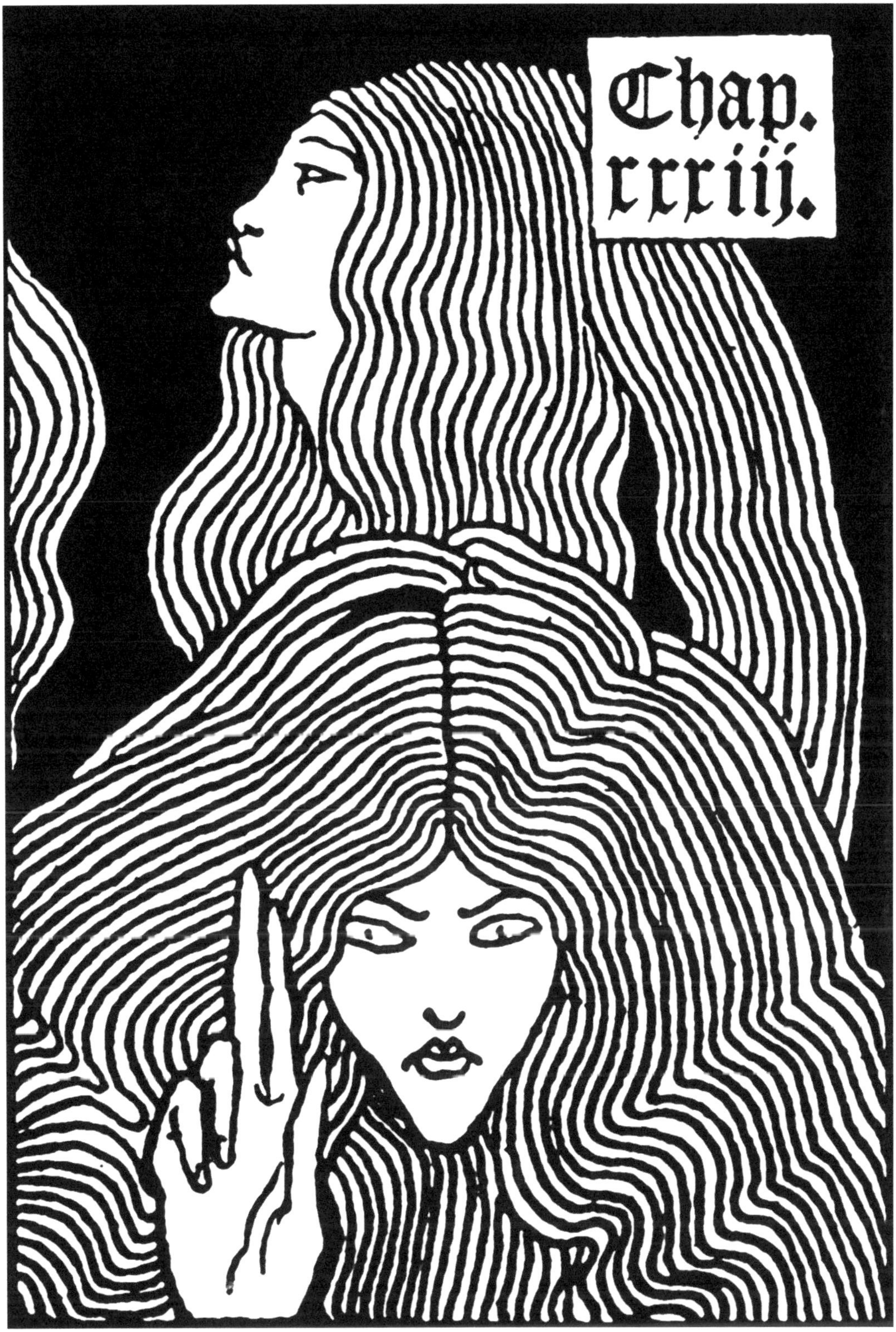
Chap.
xxxiij.

La Vitrioleuse

1894

Effets dévastateurs

Dans *Les Mystères de Paris* (1843), **Eugène Sue** décrit avec minutie une victime dont la « figure était sillonnée en tous sens de cicatrices profondes, livides ; l'action corrosive du vitriol avait boursouflé ses lèvres ; les cartilages du nez ayant été coupés, deux trous difformes remplaçaient les narines ».

C'est dans le dico !

Proche de **Mucha**, **Gallé** et **Horta**, Grasset est un artiste « Art nouveau » par excellence. Il touche à tout : gravure, affiche, décoration, architecture, textile, ameublement, bijou, vitrail, céramique… Il crée même le logo de la semeuse soufflant une fleur de pissenlit pour le dictionnaire Larousse.

La Vitrioleuse
Eugène Samuel Grasset
1894
Lithographie
Paris, École nationale supérieure des beaux-arts

Sorcière moderne

Longs cheveux roux désordonnés, robe noire, yeux exorbités, sourcils froncés et bouche pincée. Cette femme a tout l'air d'une sorcière. Mais la coupe qu'elle tient n'est pas une potion.

La coupe est remplie de vitriol, autre nom de l'acide sulfurique. Utilisé comme poison, il peut s'employer par projection, déformant affreusement corps et visage. Cette pratique criminelle connaît un curieux « âge d'or » à la fin du XIXe siècle. *La Vitrioleuse* d'Eugène Samuel Grasset, dessinée en 1894, est un vrai sujet d'actualité. Les faits divers de ce type sont volontiers relayés par la presse et illustrés par la gravure, une source d'inspiration pour l'artiste. Souvent, il s'agit d'une histoire d'amour tragique : une maîtresse délaissée, devenue enragée, jette au visage de son amant une coupe de vitriol.

En France, un sondage de *La Gazette des tribunaux* recense quarante-huit crimes au vitriol entre 1870 et 1915 (quarante et une femmes pour sept hommes). Le vitriol est utilisé pour nettoyer les cuivres, et les femmes peuvent l'acheter facilement chez l'épicier ou le droguiste : c'est un « article de ménage ». Ces crimes féminins font ressurgir la figure détestable de la sorcière jeteuse de sorts et préparatrice de potions. La femme trouble l'ordre social : elle ne respecte pas la place domestique à laquelle elle est assignée, puisqu'elle pervertit ses outils ménagers : le balai, le chaudron… ou le produit nettoyant !

Les images féminines négatives abondent dans la société de la fin du XIXe siècle. Les symbolistes, comme Grasset, mettent volontiers à l'honneur les vénéneuses et autres femmes fatales. Les artistes se souviennent des portraits d'empoisonneuses des siècles passés, des images des ensorceleuses de contes et légendes, quand ils ne s'intéressent pas aux monomanes ou aux hystériques étudiées à la Salpêtrière par le professeur Charcot.

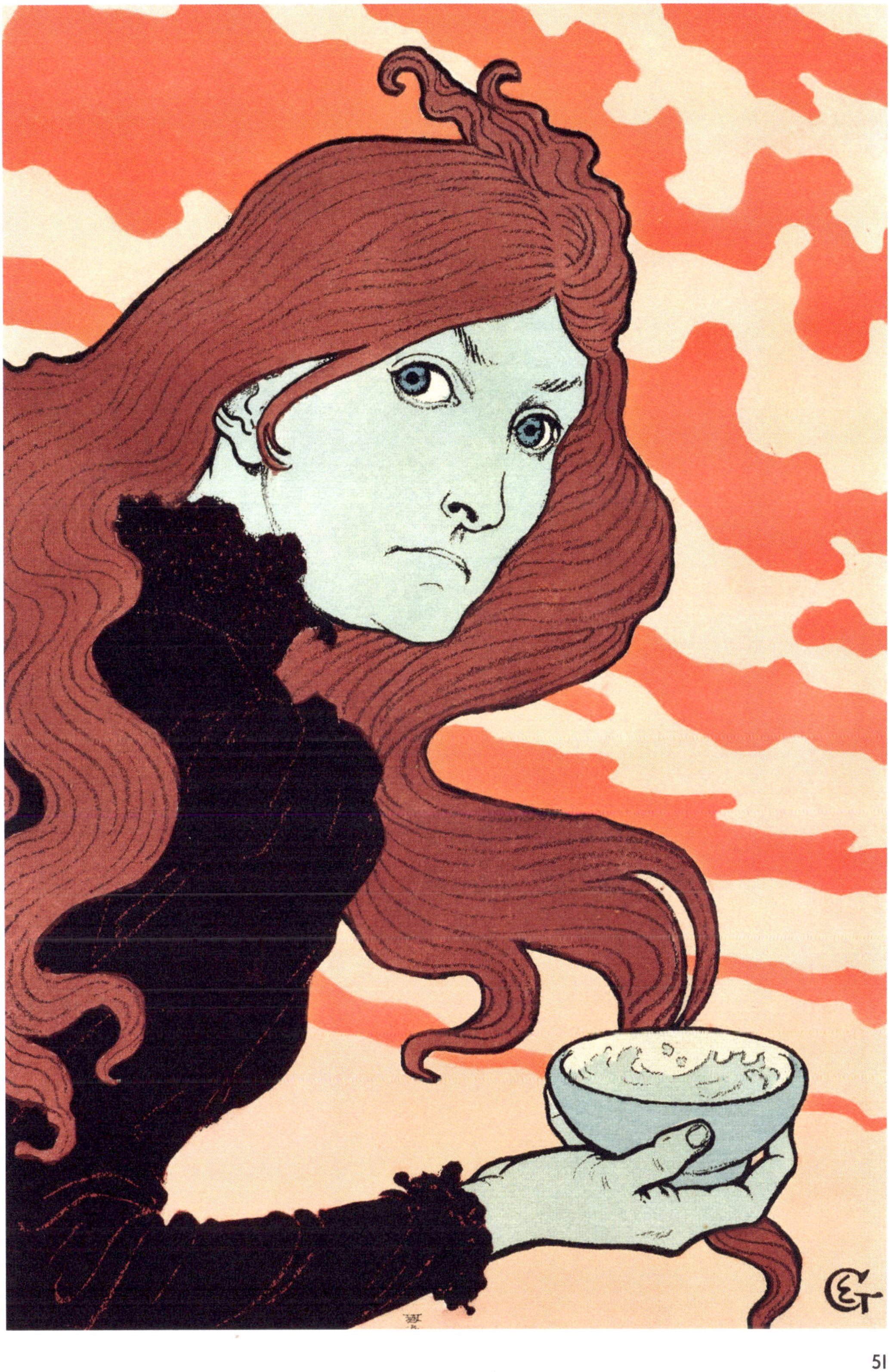

La Potion d'amour

1903

Une affaire de femmes

Sans chapeau ni balai, cette sorcière accompagnée de son chat noir concocte avec le plus grand sérieux un philtre d'amour. Ne serait-ce pas le puissant élixir du célèbre couple médiéval Tristan et Iseult ?

Dans une chambre secrète dont les lourds rideaux brodés de lions ont été tirés pour ouvrir la fenêtre, une ensorceleuse à la longue robe jaune prépare une potion aphrodisiaque. Peut-être a-t-elle trouvé la recette dans le grimoire *Artis magi* rangé au-dessous ? Au loin, sur une terrasse, un couple s'enlace. L'homme est en armure et la femme porte une longue tunique blanche. Leur présence, au-dessus de la coupe en argent, nous indique qu'ils sont les destinataires du breuvage rose. Qui d'autre que le chevalier Tristan et la princesse Iseult seraient amenés à boire un philtre de la couleur du vin ?

L'histoire de Tristan et Iseult est très en vogue dans l'Angleterre des années 1900. Dans les contes et légendes, les potions et autres philtres d'amour sont l'affaire des femmes. L'histoire ne dit pas qui prépare celui de Tristan et Iseult, mais c'est bien la mère d'Iseult qui le confie à la servante qui le donnera à sa fille... Evelyn De Morgan imagine la sorcière qui se place au début de la chaîne. L'erreur que commettent la princesse et le chevalier en buvant le philtre les entraîne tous deux vers une passion destructrice. Le chat noir, dans son rôle de porte-malheur, nous regarde de ses yeux écarquillés et nous confirme les tourments à venir.

Evelyn De Morgan est une peintre du mouvement préraphaélite. Passionnée par l'art de la Renaissance, elle séjourne souvent à Florence, où elle admire les œuvres de Botticelli. Elle lui emprunte la ligne sinueuse, les profils graphiques et les drapés aux plis compliqués. Elle puise aussi chez les maîtres renaissants un goût pour les couleurs chatoyantes : cheveux roux avec foulard rouge, robe jaune safran, potion rose...

Qui sont les préraphaélites ?

Le préraphaélisme est un mouvement artistique né en **Angleterre** en 1848, dont les membres considèrent les peintres italiens du XVe siècle, prédécesseurs de **Raphaël**, comme des modèles à suivre. Fait rare en Europe, ce courant permet l'affirmation d'artistes femmes.

Passion chevalerie

Au tournant du XXe siècle, les artistes britanniques sont fous de Moyen Âge et de Renaissance. Ils s'intéressent aux objets, mais aussi à la poésie et à la littérature. **Lancelot**, **Guenièvre**, **Arthur** ou **Iseult** envahissent les compositions préraphaélites et Arts & Crafts.

La Potion d'amour
Evelyn De Morgan
1903
Huile sur toile
Guildford,
The De Morgan Foundation

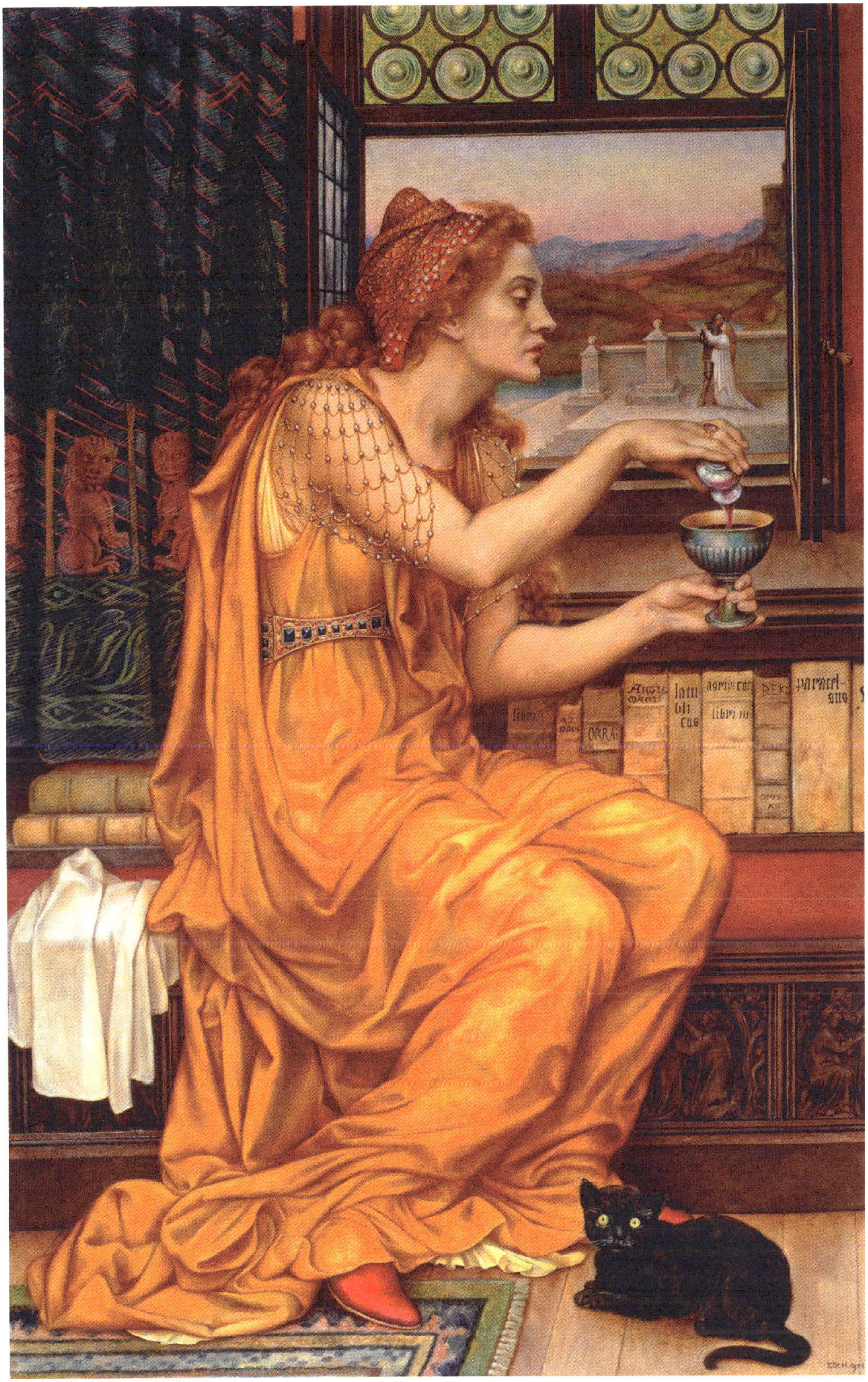

La Sorcière

1954

Mots magiques

Difficile d'identifier un personnage dans cette sculpture blanche aux formes géométriques pures. Sommes-nous face à la simplification d'un corps ou d'un visage ? Où se cache la sorcière ?

Cette sculpture abstraite de Brancusi est un moulage tardif, en plâtre, d'une œuvre à l'origine sculptée dans du bois et conservée au musée Guggenheim de New York. À partir d'un bloc de noyer, l'artiste a dégagé trois formes géométriques le long d'un axe vertical. Le sommet (une tête ?) est un cône dont la pointe s'oriente doucement vers le ciel. À mi-hauteur, deux cylindres horizontaux, tels deux courts bras ouverts, se dirigent légèrement vers le bas. La structure n'est pas sans rappeler le *Torse de jeune homme* de 1917, constitué de trois cylindres encastrés. Sommes-nous face au buste d'une sorcière ?

En l'absence de titre, il est impossible de relier cette sculpture à la sorcellerie. En revanche, une fois la dénomination connue, l'œuvre semble teintée d'une dimension plus mystérieuse et magique. Ce titre, *La Sorcière*, permet à Brancusi d'interpeller le spectateur. Au début du XXe siècle, de nombreux artistes, à l'instar des surréalistes, jouent avec le décalage potentiel entre une œuvre et son titre. De cette rencontre inattendue entre les mots et l'image naissent le trouble, le questionnement, la réflexion et le rêve. La sorcellerie suggérée par Brancusi donne à sa sculpture une profondeur et une aura supplémentaires.

Constantin Brancusi est d'origine roumaine. Né dans un petit village au pied des Carpates, il est sensible à la pureté des cultures archaïques et à la tradition millénaire du travail du bois. Arrivé à Paris dans les années 1900, il s'intéresse au cubisme sans jamais rallier le mouvement. La simplicité apparente et la poésie de ses œuvres l'éloignent de l'esprit ludique et intellectuel de Picasso. Fasciné par les arts extra-européens, qu'il découvre au musée du Trocadéro, il part de la figure humaine ou animale, puis ne cesse de simplifier les formes jusqu'à atteindre une épure proche du symbole.

Baba Cloanța ?

En raison de l'origine roumaine rurale de **Brancusi**, certains interprètent *La Sorcière* comme une réminiscence de **Baba Cloanța** (ou Kloantza), la sorcière du folklore des Carpates. La vieille femme édentée est à la fois guérisseuse, oracle, guide et démon. Brancusi n'explique pas son œuvre, laissant libre l'imagination du spectateur.

Brancusi l'a dit

« c'est la texture même du **matériau** qui commande le **thème** et la **forme** qui doivent tous deux sortir de la matière et non lui être imposés de l'extérieur ».

La Sorcière
Constantin Brancusi
1954
Épreuve originale en bois entre 1916 et 1924
Plâtre et socle de pierre
Paris, musée national d'Art moderne - Centre Pompidou

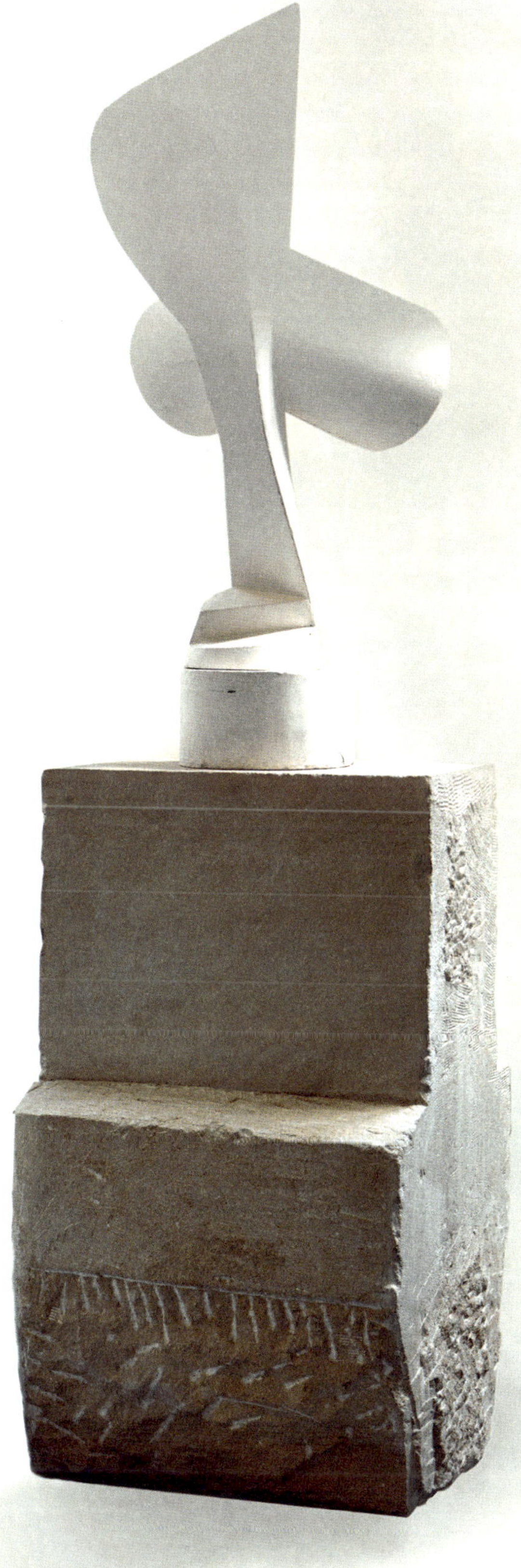

Sleeping Witch

2000

Sorcières et féminisme

Depuis les années 1960 et le collectif **WITCH** (*Women's International Terrorist Conspiracy from Hell*), la sorcière est un emblème de la lutte contre la misogynie et la violence faite aux femmes. De nombreuses artistes féministes se sont emparées de cette figure : **Louise Bourgeois**, **Annette Messager**, **Doris Stauffer**...

Inépuisables contes de fées

Kiki Smith, **Jean-Michel Othoniel**, **Eva Jospin**, **Matthew Barney**, **Wim Delvoye**... Autant d'artistes contemporains qui sont inspirés par les contes. Outre leur dimension onirique, leur interprétation symbolique et psychanalytique, depuis Freud, est un incroyable terreau artistique.

***Sleeping Witch* (*La Sorcière endormie*)**
Kiki Smith
2000
Photographie couleur avec peinture appliquée à la main
New York, Whitney Museum of American Art

Pomme noire

Une main de femme allongée dans les feuilles mortes tient une pomme noire. La main est gantée d'une mitaine en résille noire... Ne serait-ce pas la sorcière de *Blanche-Neige* qui gît là sur le sol ?

Cette photographie fait partie de la série *Sleeping Witch* de l'artiste américaine Kiki Smith. La plasticienne s'est elle-même costumée et mise en scène dans un sous-bois. La sorcière, élégante, est entièrement vêtue de noir : longue robe, manteau à capuche, mitaines. Assoupie dans les feuilles d'automne jaunes et orangées, elle a laissé à terre son panier de bois duquel les pommes s'échappent en roulant. Ces pommes sont fermes et brillantes, mais elles sont noires... nul doute qu'elles sont empoisonnées. Elle dort, le danger est momentanément écarté.

Sculptrice, dessinatrice, Kiki Smith pratique aussi la photographie et l'installation. Née en 1954, l'artiste new-yorkaise touche à tout, avec pour fils conducteurs le corps, la féminité et le rapport à l'enfance. Depuis les années 1980, elle explore la place sociale, culturelle et politique des femmes. La figure complexe de la sorcière l'intéresse à partir de 2000. Bercée dans sa jeunesse par les lectures de Grimm et de Perrault, Kiki Smith s'attache à la sorcière de *Blanche-Neige*, fascinante par sa beauté et redoutable par sa méchanceté et son savoir. Elle n'est pas qu'une image diabolique qui propose la pomme à une Blanche-Neige nouvelle Ève. Elle lui permet aussi d'étudier la tentation, la sexualité, l'attrait du danger, l'impact du savoir...

Dans cette perspective féministe, les sorcières retiennent toute son attention. En 2002, elle réalise la sculpture *Pyre Woman Kneeling* (*Femme au bûcher agenouillée*), hommage aux victimes de la grande chasse aux sorcières qui a eu lieu du XVe au XVIIe siècle en Europe. La prétendue sorcière est à genoux, en position christique, et demande : « Pourquoi m'as-tu abandonnée ? »

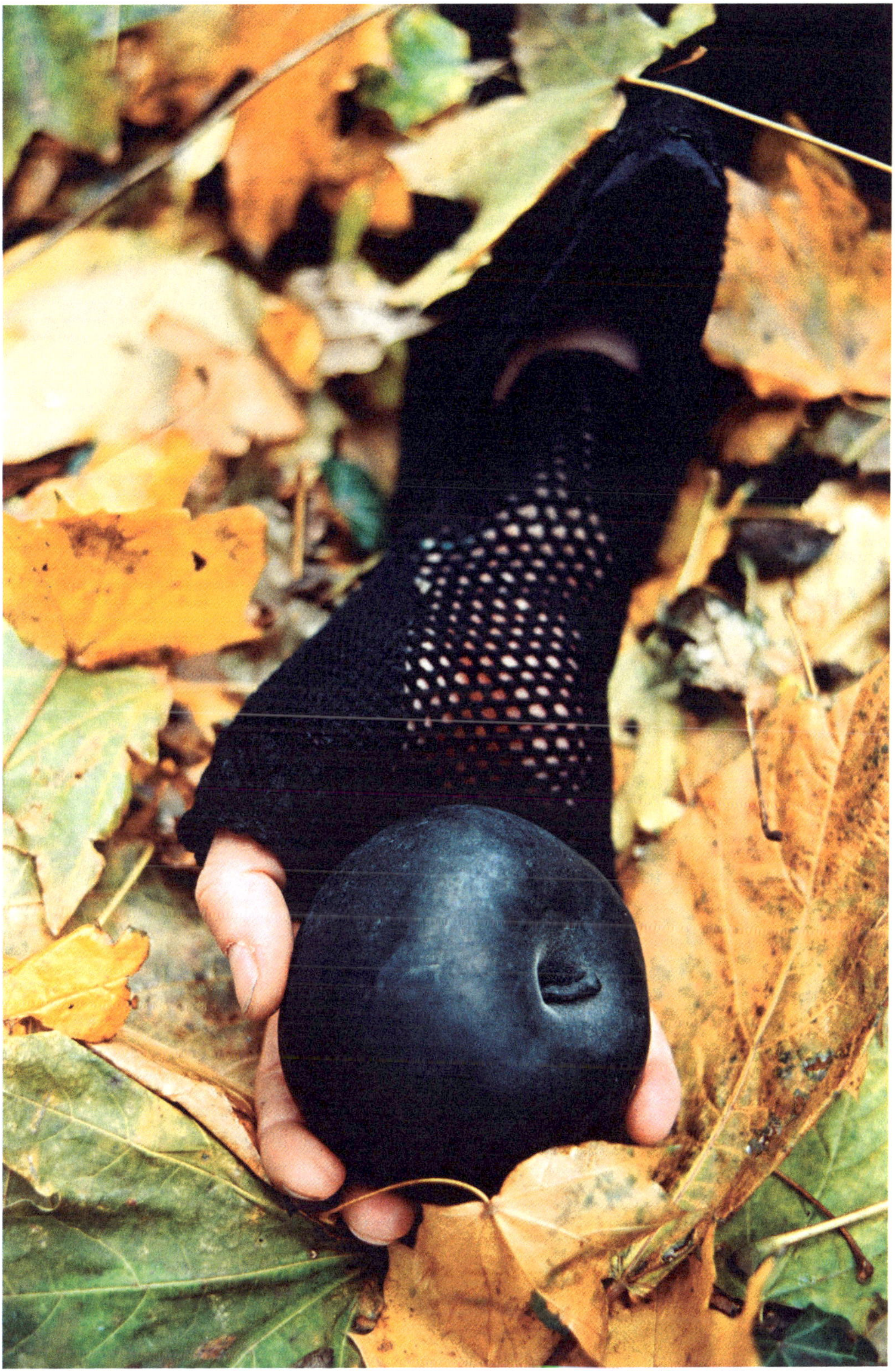

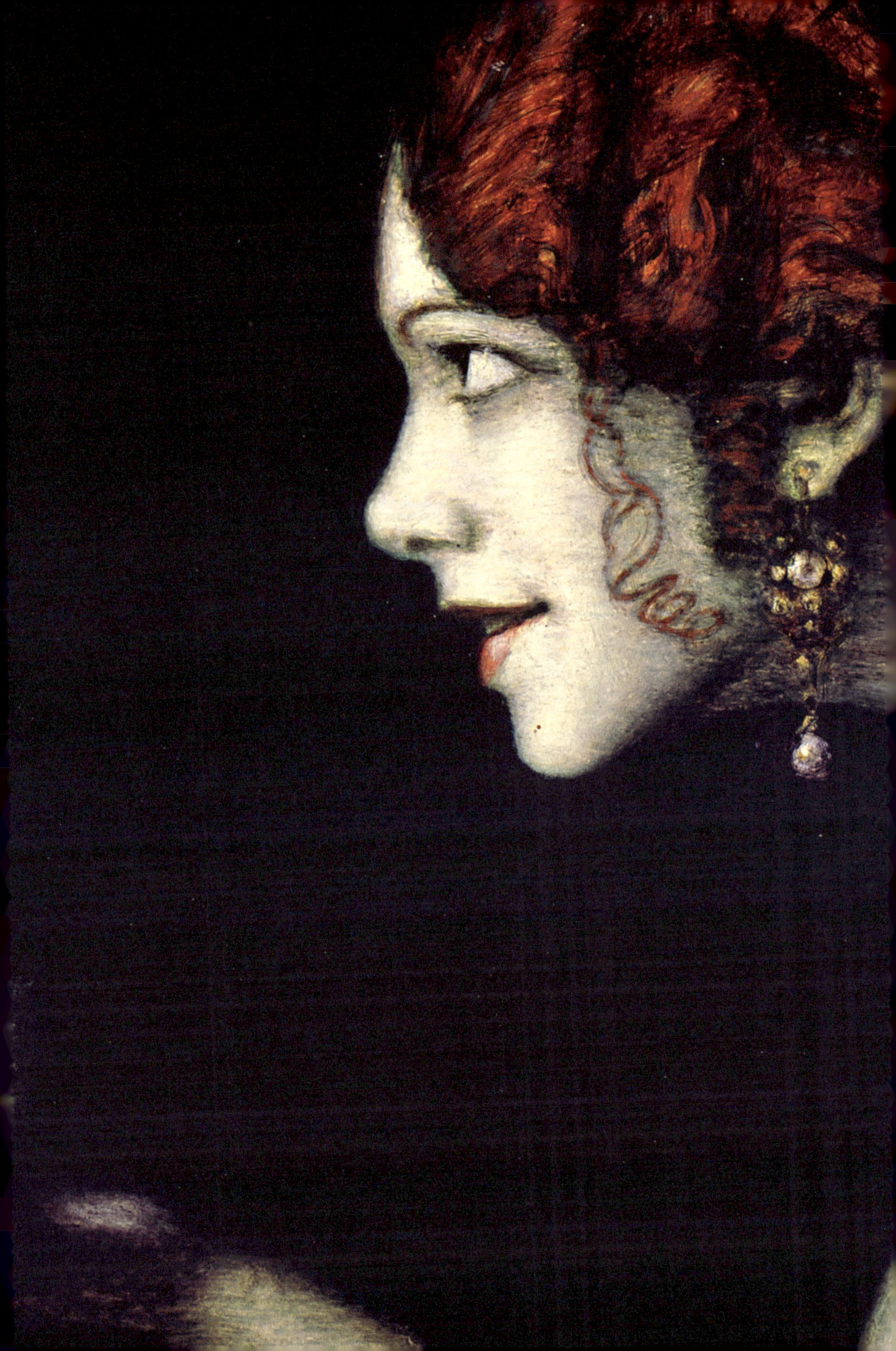

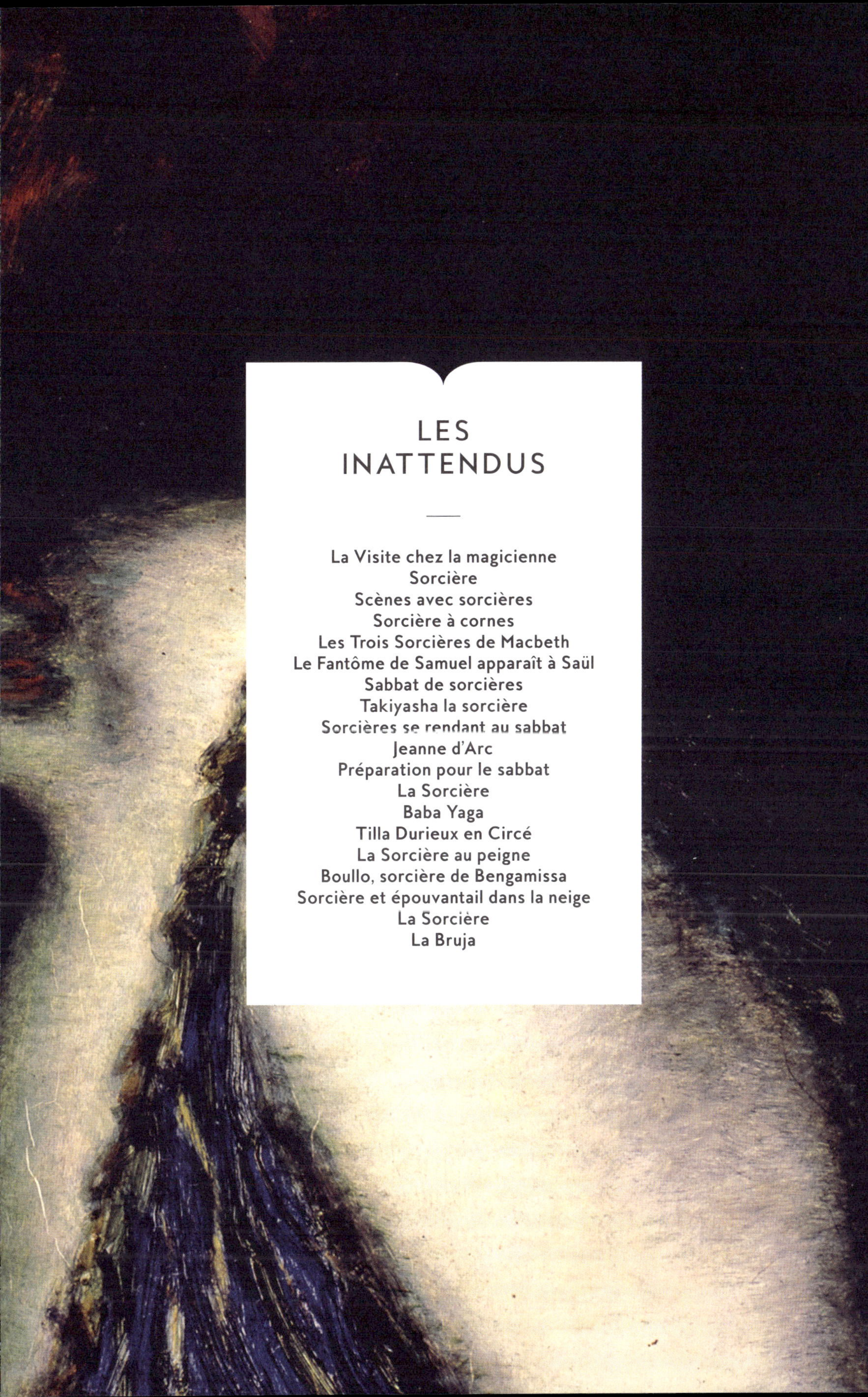

LES INATTENDUS

La Visite chez la magicienne
Sorcière
Scènes avec sorcières
Sorcière à cornes
Les Trois Sorcières de Macbeth
Le Fantôme de Samuel apparaît à Saül
Sabbat de sorcières
Takiyasha la sorcière
Sorcières se rendant au sabbat
Jeanne d'Arc
Préparation pour le sabbat
La Sorcière
Baba Yaga
Tilla Durieux en Circé
La Sorcière au peigne
Boullo, sorcière de Bengamissa
Sorcière et épouvantail dans la neige
La Sorcière
La Bruja

La Visite chez la magicienne

IIe siècle av. J.-C.

Rare signature

Fait relativement rare, la mosaïque est signée. L'artiste est **Dioscoride de Samos**, un mosaïste grec originaire de l'île de Samos, actif dans la seconde moitié du IIe siècle av. J.-C. Seules deux œuvres de la villa de Cicéron à Pompéi nous sont parvenues: *La Visite chez la magicienne* et *Les Musiciens ambulants du culte de Cybèle.*

Du grec au latin

En bons hellénistes, de nombreux **Romains** érudits parlent et lisent le grec. Leur amour pour la littérature, la poésie, le théâtre et plus généralement l'art grec fait d'eux de parfaits **philhellènes**, à l'image du propriétaire de la maison de Cicéron à Pompéi.

Intrigue féminine

Découverte sur le sol de la luxueuse maison de Cicéron à Pompéi, cette mosaïque représente une intrigante assemblée féminine. Deux jeunes femmes semblent crier suite aux révélations d'une vieille femme grimaçante. Est-elle magicienne ?

Trois femmes sont assises autour d'une table à pattes de lion. À droite, un jeune serviteur sort du cadre. La femme au masque grimaçant tient une coupe en argent. Face à elle sont posés un rameau et deux ustensiles métalliques. La présence de ces objets et de la plante laisse penser qu'elle a concocté une potion. Est-ce un philtre d'amour ? L'hypothèse a été avancée. Prédit-elle un quelconque avenir lié à ce philtre ? Si l'on en croit les visages effarés, ce qu'elle raconte est loin d'être rassurant.

Associée à l'émergence d'une pensée philosophique et rationnelle, la civilisation gréco-romaine est aussi imprégnée par la divination et la magie. Le phénomène magique existe au quotidien et est parfois légal, parfois condamné. Il recouvre un grand nombre d'acteurs, de termes, ainsi qu'une variété de techniques et de savoirs. La mosaïque, en raison de sa composition - marches d'escalier, pans de murs colorés, masque de la vieille femme -, a été mise en lien avec une pièce de théâtre, *Les Femmes au déjeuner* (*Synaristosai* en grec), de l'auteur comique grec Ménandre. Ses pièces, dont il ne reste que des fragments, sont célèbres dans le monde romain et connaissent des adaptations en latin. Les femmes seraient alors des hétaïres, des courtisanes de la haute société grecque, de gauche à droite: Pythias, Plangon et la vieille Philainis. Parlent-elles d'amour ?

Les hypothèses restent ouvertes autour des thèmes de la sexualité, de la vénalité et de la magie féminines, sans oublier une possible dimension divertissante, comique et caricaturale.

Scène de théâtre: la visite chez la magicienne
Dioscoride de Samos
IIe siècle av. J.-C.
Mosaïque
Naples, Museo archeologico nazionale

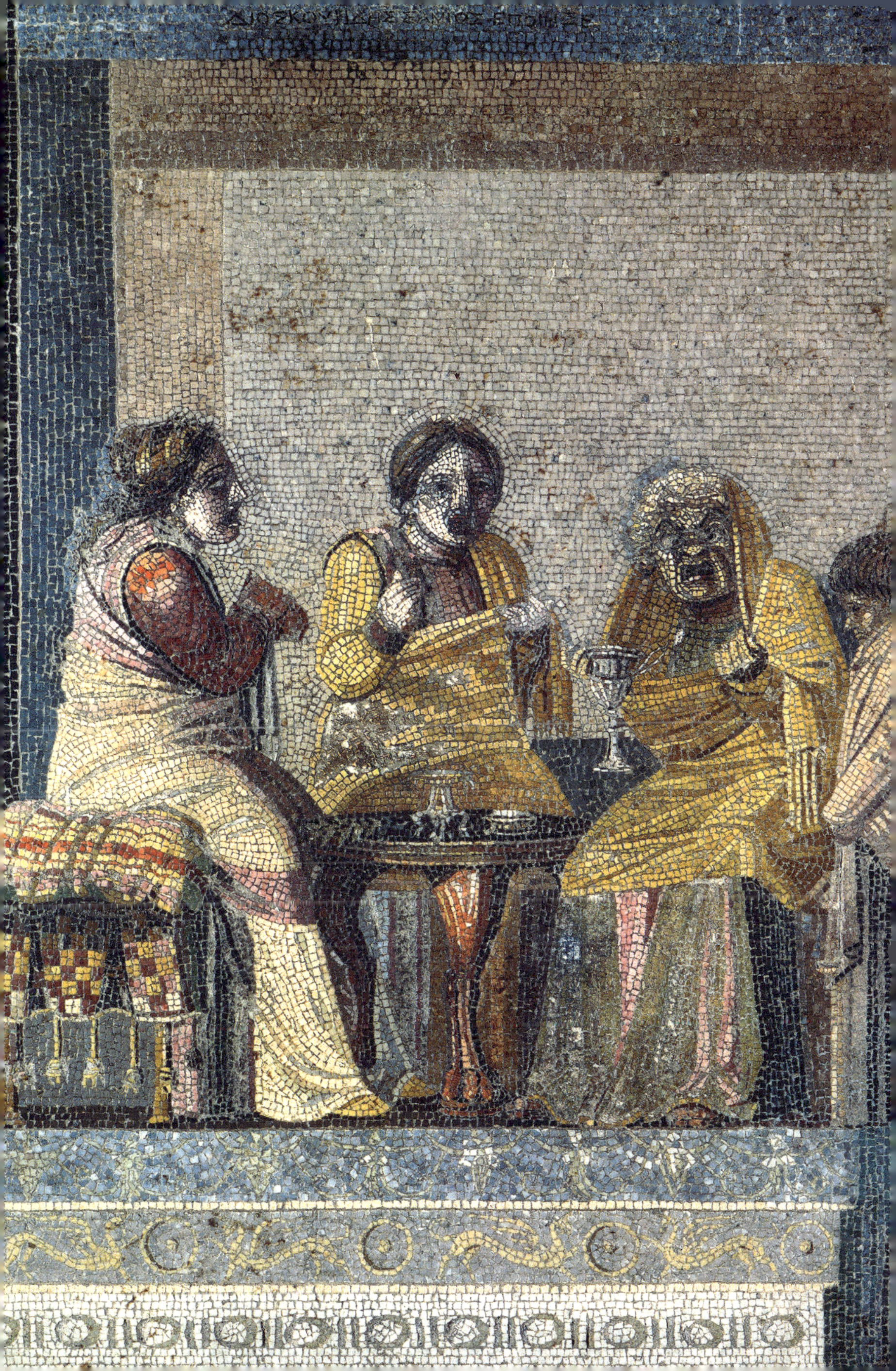
ΔΙΟΣΚΟΥΡΙΔΗΣ ΣΑΜΙΟΣ ΕΠΟΙΗΣΕ

Sorcière

Vers 1640

Un chapeau diabolique

Les chapeaux ornés d'images du Diable que portent les **condamnés pour sorcellerie** peuvent prendre des formes diverses (cylindrique, pointue, de mitre d'évêque). Il s'agit certainement d'une des origines, avec le chapeau porté par les Juifs au Moyen Âge, du chapeau noir pointu que l'imaginaire actuel associe à la sorcière.

De rares sorcières italiennes

Au XVIIe siècle, la chasse aux sorcières bat son plein dans les pays du **nord de l'Europe**, touchés par les conflits entre protestants et catholiques. Mais les pays méridionaux, comme l'**Espagne** et l'**Italie**, échappent plutôt au phénomène malgré quelques vagues isolées.

Sorcière
Giovanni Francesco Barbieri dit Guerchin
Vers 1640
Encre sur papier
Royaume-Uni,
The Royal Collection Trust

Étrange couvre-chef

Une vieille femme au visage émacié baisse les yeux. Une corde a été nouée autour de son cou : elle attend manifestement d'être pendue. Son étrange chapeau nous renseigne sur le crime dont elle est accusée : la sorcellerie.

La sorcellerie, telle qu'on la conçoit alors, va de pair avec l'adoration du Diable. Celui-ci, reconnaissable à sa fourche et à ses cornes, est représenté sur la haute coiffe cylindrique de notre sorcière. Il menace un homme agenouillé face à lui. Une figure ailée, peut-être un ange, semble vouloir interrompre le geste satanique.
Entre le XVe et le XVIIe siècle, les hommes ou les femmes accusés du grave crime de sorcellerie sont souvent affublés, au moment de leur condamnation à mort, d'un chapeau de ce type. Cette coiffe infamante et grotesque est ornée de dessins du Diable, que les condamnés sont supposés adorer.

Ce dessin à l'encre sur papier n'est pas préparatoire à une peinture. Il semble issu des recherches personnelles de l'artiste. Giovanni Francesco Barbieri, dit Guerchin, grand peintre baroque du XVIIe siècle avant tout connu pour ses œuvres religieuses, est aussi un dessinateur prolifique. Il dessine pour le plaisir des personnages grotesques et des caricatures, parmi lesquels on croise plusieurs figures de vieilles sorcières.

Porte-t-il un regard ironique ou critique sur la croyance en la sorcellerie ? Le thème semble en tout cas l'inspirer et lui permettre de dessiner des figures moins sages que celles des commandes mythologiques et religieuses habituelles. Les sorcières de Guerchin présentent souvent le même visage grossier, quasi simiesque. Elles sont parfois accompagnées de chauves-souris ou d'un petit Diable volant. Celle-ci est différente par sa minceur, sa coiffe et la corde autour de son cou.

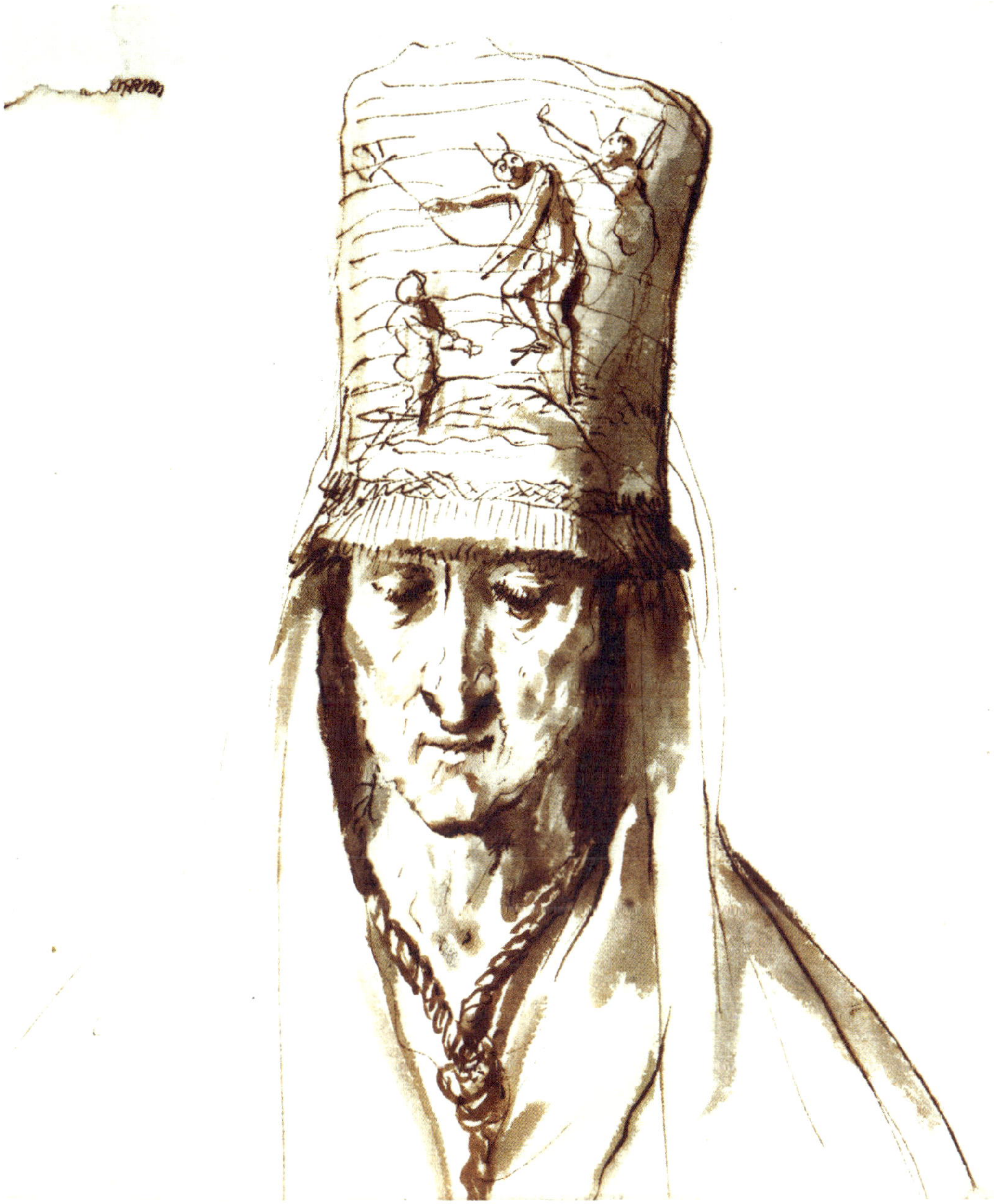

Scènes avec sorcières

Vers 1645-1649

Peintre de l'académie des Frappés

Nous voici face à de vieilles sorcières nues aux cheveux ébouriffés, à des oiseaux-squelettes, des lézards géants et des grenouilles visqueuses. Ce quatuor baroque semble presque tiré d'une bande dessinée fantastique.

Ces quatre œuvres rondes, appelées des *tondi*, s'organisent en deux peintures diurnes (*Matin* et *Jour*) et deux peintures nocturnes (*Soir* et *Nuit*). Toutes présentent des sorcières effrayantes, violentes et mystérieuses. Hormis la jeune sorcière vêtue d'une robe et d'un turban dans la scène du *Matin*, elles sont âgées. Le monde diurne est propice aux sacrifices sanguinolents de batraciens géants, tandis qu'à la tombée du jour trois sorcières confectionnent une potion dans un chaudron. La scène de nuit, plus mystérieuse, fait intervenir des cavaliers qui ne semblent pas être des sorciers. Un vieil homme lève une baguette vers une cohorte de monstres grimaçants. On ne sait s'il s'agit d'un sorcier ou d'un homme qui tente de maîtriser ces forces maléfiques.

Les sorcières de Salvator Rosa sont affublées des attributs habituels: balai, chaudron, grimoire, crâne… L'originalité réside dans le bestiaire hybride et fantastique qui les accompagne. Des monstres qui ne sont pas sans rappeler l'exubérance de Jérôme Bosch: les squelettes s'animent, les petits animaux deviennent gigantesques.

Salvator Rosa est un des esprits les plus étonnants et anticonventionnels de l'ère baroque. Peintre et poète, il se passionne pour la sorcellerie à une époque où la condamnation des sorcières fait encore rage dans le nord de l'Europe. À Florence, dans les années 1640, il fonde l'Accademia dei Percossi, à traduire par « académie des Frappés ». Il rassemble chez lui des intellectuels autour de récitations de poésies, de débats philosophiques et éthiques, et de conversations sur la culture contemporaine. Nul doute que la sorcellerie fait partie de leurs centres d'intérêt. L'artiste compose d'ailleurs en 1645 une ode satirique intitulée *La Sorcière*.

Rosa sous la plume de Dumas

Alexandre Dumas est impressionné par la vie et l'œuvre de **Salvator Rosa**. Dans *Le Corricolo*, publié en 1843, il fait de l'artiste un jeune peintre fougueux, courageux et fidèle: « Et alors il déroula une toile, tira d'une trousse qu'il portait à sa ceinture ses pinceaux […] et, à la lueur de la lampe qui brûlait sur la table, d'une main ferme et rapide, il improvisa ce beau portrait que l'on voit encore aujourd'hui près de la porte dans la première chambre du musée des Studi, à Naples. »

REPÈRES

Encore et encore

- **1635-1654** *Le Sabbat des sorcières*
- **1640-1649** *La Sorcière*
- **1646** *Une sorcière assise*
- **1646** *Sorcières à leur incantation*
- **1668** *L'Ombre de Samuel apparaissant à Saül chez la pythonisse d'Endor*

Une sorcière âgée chevauche un oiseau hybride démesuré, mélange de chauve-souris et de hibou (détail du tableau visible en page suivante).

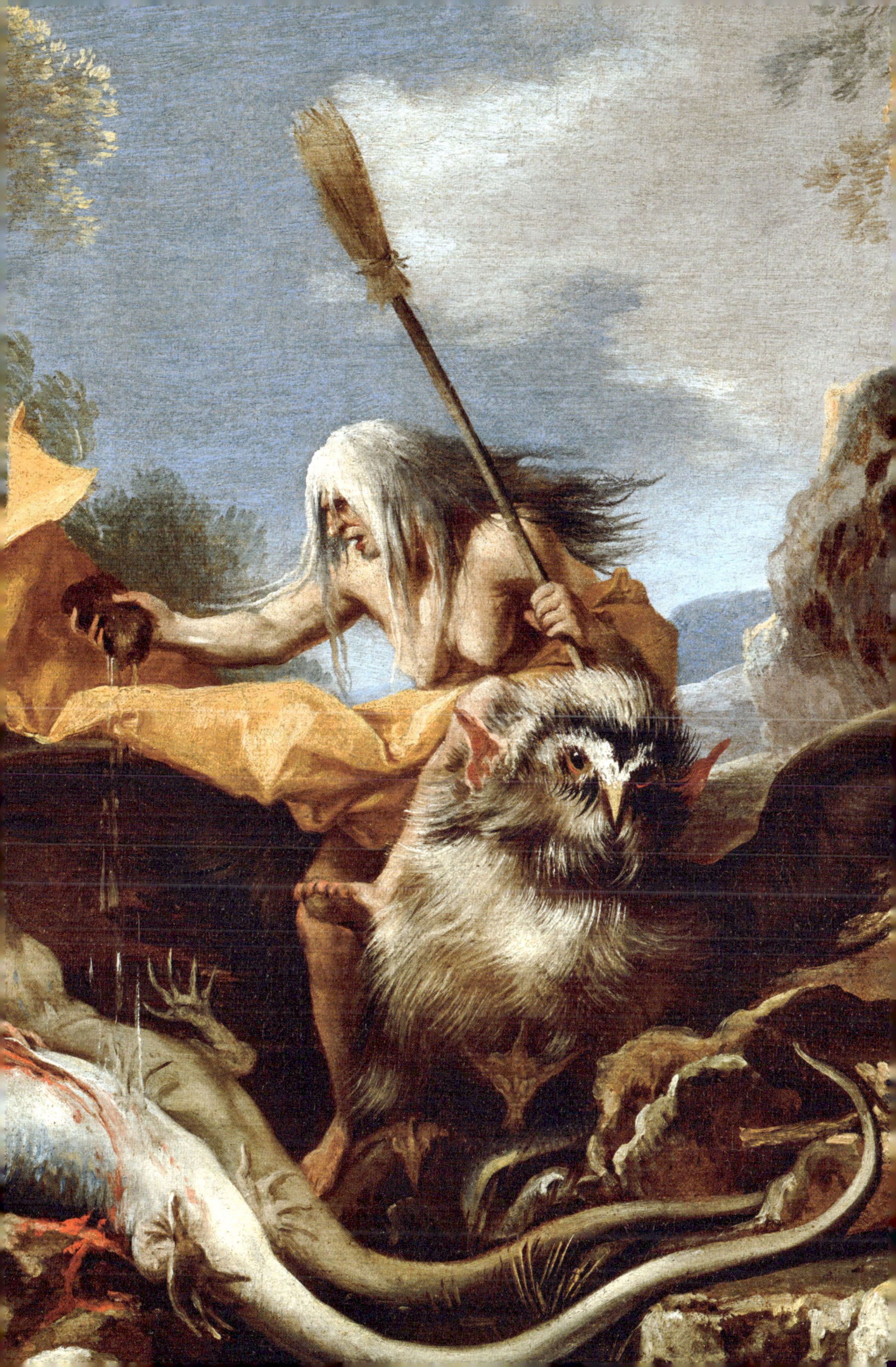

Matin

Jour

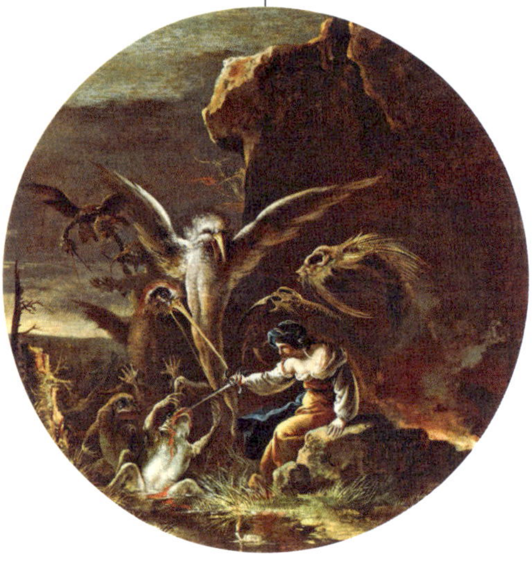

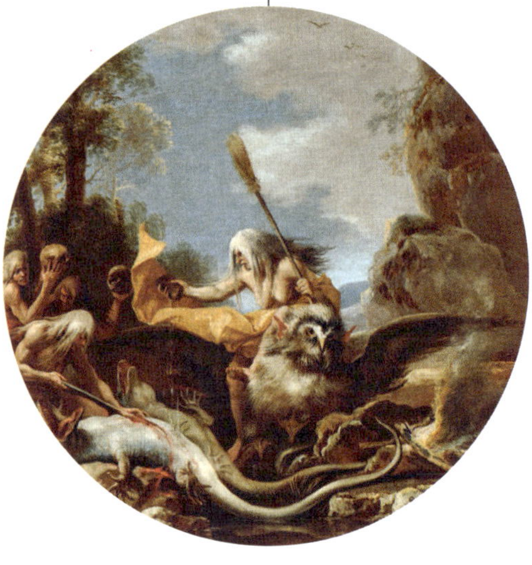

Scènes avec sorcières
Salvator Rosa
Vers 1645-1649
Huiles sur toile
Cleveland, Cleveland Museum of Art

La poésie veut quelque chose d'énorme, de barbare, de sauvage.

Denis Diderot, *De la poésie dramatique*, 1758

Soir

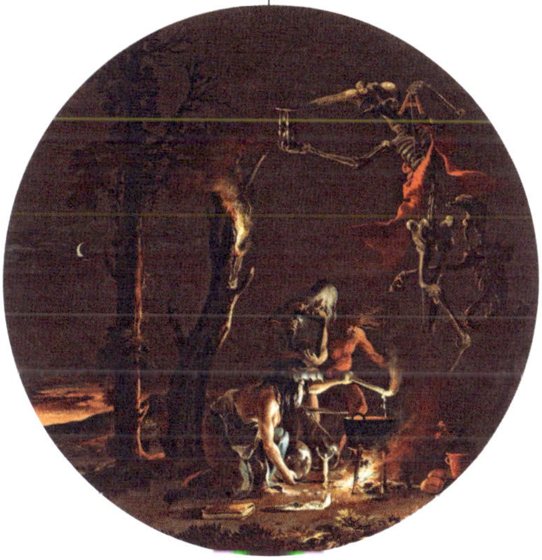

Nuit

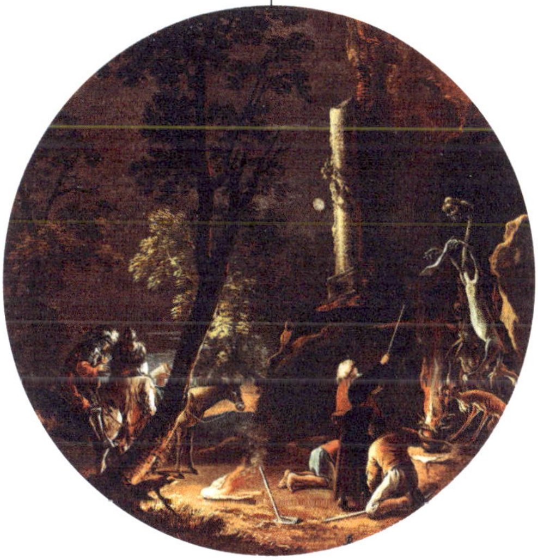

Sorcière à cornes

XVIIIe siècle

Point final

En France, l'État règle la question de la sorcellerie en 1682, à la suite de l'**affaire des poisons** qui a éclaboussé **Madame de Montespan**, favorite de Louis XIV. Alors que la simple dénonciation et la rumeur publique suffisaient pour une action en justice, un édit demande des preuves de sorcellerie. On n'en trouvera jamais une seule… et les sorcières disparaîtront.

Parole des Lumières

La célèbre *Encyclopédie* de **Diderot** et **d'Alembert** (1751-1772) définit la sorcellerie comme une « opération magique, honteuse ou ridicule, attribuée stupidement par la superstition à l'invocation et au pouvoir des démons ».

Portrait énigmatique

Qui est cette jolie blonde en robe noire coiffée de cornes ? Est-ce une sorcière ou une femme costumée ? Est-elle comédienne, chanteuse ou en tenue de bal ?

Plusieurs éléments laissent penser que cette jeune femme est une sorcière. Sa coiffure à cornes pointues est une version exagérée du « tapé », qui consiste à dégager le front en relevant et crêpant les cheveux. Ces cornes symbolisent le bouc et le Diable depuis le Moyen Âge. Son vêtement fantaisiste est noir. Cette couleur, peu appréciée au XVIIIe siècle, devient progressivement celle du deuil et des sorcières. Ses bijoux - ras-de-cou, boucles d'oreilles, perles - soulignent son attitude séduisante : il est alors convenu que le Diable, maître de la tromperie, a donné aux femmes ses talents de séduction.

Les ornements rocaille du décolleté suggèrent une datation au milieu du XVIIIe siècle, époque à laquelle la chasse aux sorcières est terminée et les représentations de sorcières se raréfient. La figure est reléguée aux contes, à la superstition et aux mascarades. L'époque est friande de théâtre et de bals masqués ou costumés, qui permettent toutes les fantaisies et autorisent la subversion. Notre modèle est probablement une femme costumée en sorcière.

Son identité demeure un mystère. Est-ce Françoise-Marie de Bourbon, dite aussi Mademoiselle de Blois, en tenue de bal ? Cette fille légitimée de Louis XIV et de Madame de Montespan est connue pour son mauvais caractère, et son époux la surnomme Madame Lucifer. Cela serait d'autant plus ironique que Madame de Montespan a elle-même été soupçonnée de sorcellerie lors de l'affaire des poisons. D'autres y voient Katharina Kepler, la mère du mathématicien allemand du XVIIe siècle. Accusée de sorcellerie, elle a échappé de justesse au bûcher en 1615 grâce à son célèbre fils. Toutefois, cette attribution surprend quand on sait que, lors de son procès, elle était âgée de… soixante-dix ans.

Sorcière à cornes
Anonyme
XVIIIe siècle
Huile sur toile
Collection particulière

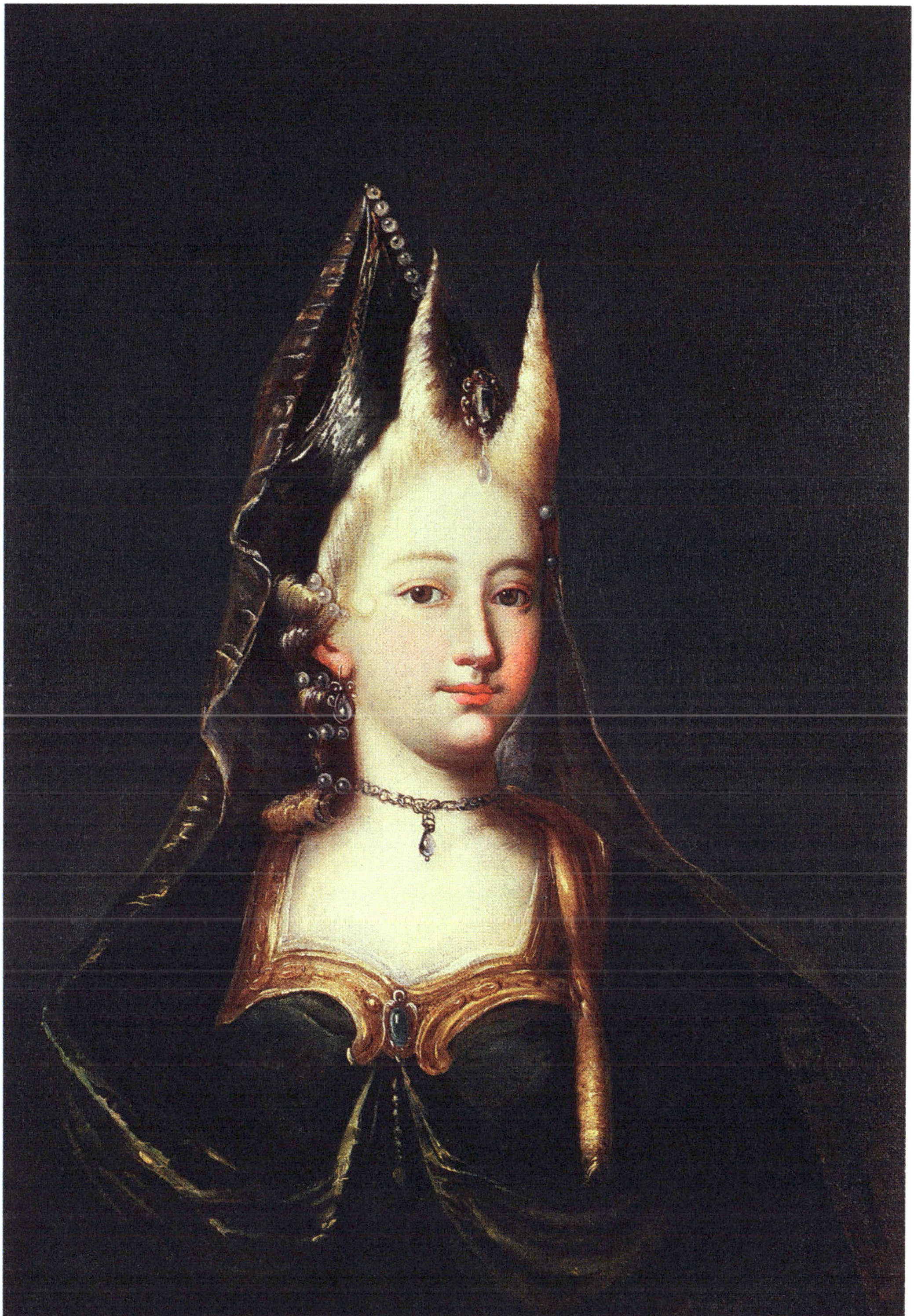

Les Trois Sorcières de Macbeth

1775

Femmes artistes

Anne Seymour Damer est sculptrice, mais aussi autrice, productrice de pièces de théâtre et actrice. De son côté, **Georgiana Cavendish** est probablement l'autrice d'un roman épistolaire paru anonymement en 1779, *The Sylph*, et de poèmes.

Chapeau pointu !

Il s'agit ici d'une des plus anciennes représentations de chapeau noir pointu de sorcière. Cette coiffe ne se généralise qu'au cours du XIXe siècle dans la **culture populaire** anglaise et surtout américaine. Ce chapeau a des **origines multiples** et incertaines : coiffe des hommes juifs au Moyen Âge, des hérétiques sous l'Inquisition, des protestants européens, des puritains américains...

Savantes sorcières

Voici trois femmes de la haute société costumées en sorcières et s'activant autour d'un chaudron ! Cet inhabituel portrait de groupe met en lien le théâtre de Shakespeare et des figures féminines progressistes de la fin du XVIIIe siècle.

Les jolis minois et les attitudes sophistiquées de ces trois aristocrates contrastent avec la pièce de théâtre à laquelle elles font référence : *Macbeth*, de Shakespeare. Nous sommes loin des sœurs maléfiques, flétries et barbues. Ce sont au contraire de jeunes élégantes dont les longs cheveux coiffés à la mode des années 1780 sont surmontés avec grâce de petits chapeaux noirs pointus.

La sorcière à gauche est Elizabeth Lamb, la vicomtesse Melbourne. C'est une des femmes les plus influentes de son époque, notamment dans les cercles politiques. Mariée à Peniston Lamb, membre du parti politique whig, elle est amie avec la sculptrice Anne Seymour Damer. Celle-ci est en noir, tenant une baguette. Elle porte sur sa robe un léger voile brodé des signes du zodiaque et, sur sa tête, un chapeau noir à large bord. Ce costume nous est familier, il semble sortir d'un livre pour enfants ou d'une fête d'Halloween. Pourtant, il est encore rare dans les représentations de la fin du XVIIIe siècle. La troisième, en blanc, au centre, est Georgiana Cavendish, duchesse du Devonshire. Célèbre pour sa beauté et son esprit, elle tient à Londres un salon qui réunit des personnalités littéraires et politiques. Militante efficace proche du parti whig, elle devient amie avec Elizabeth Lamb et Anne Seymour Damer dans les années 1770.

C'est certainement pour célébrer leur amitié, mais aussi leur rencontre autour d'intrigues politiques, leur érudition et leur passion commune pour la littérature, qu'elles choisissent de se faire représenter ainsi à la craie. Le portraitiste, en vogue à l'époque, est Daniel Gardner, un proche de Joshua Reynolds.

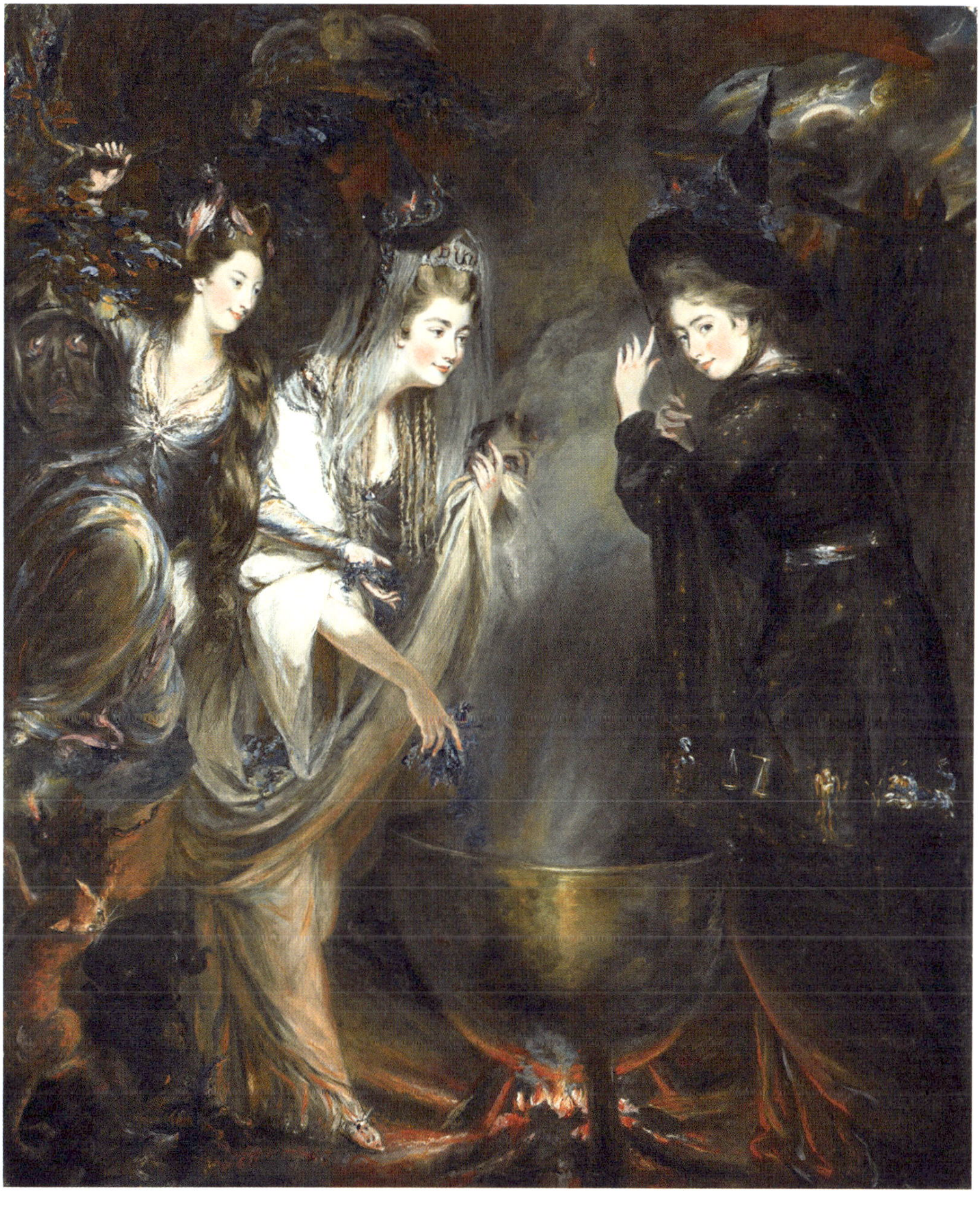

Les Trois Sorcières de Macbeth
Daniel Gardner
1775
Gouache et craie sur toile
Londres, National Portrait Gallery

Le fantôme de Samuel apparaît à Saül

Vers 1800

Et dans la Bible ?

Les religions du Livre condamnent la sorcellerie et la divination: « Tu ne laisseras pas vivre la magicienne » (**Exode**, XXII, 18). La sorcière du village d'Endor est la seule de la Bible (**I Samuel**, XXVIII, 7-25). Elle est aussi appelée « pythonisse », c'est-à-dire prophétesse ou voyante.

REPÈRES
Sorcières d'Endor

1526 Jacob Cornelisz Van Oostsanen, *Saül et la sorcière d'Endor*

1668 Salvator Rosa, *L'ombre de Samuel apparaissant à Saül chez la pythonisse d'Endor*

1864 Johann Heinrich Füssli, *Étude pour Saül et la sorcière d'Endor*

1777 Benjamin West, *Saül et la sorcière d'Endor*

1777 Gustave Doré, *Saül et la sorcière d'Endor*

La sorcière a peur

Alors que surgit le fantôme blanc de Samuel, le roi Saül recule avec effroi. La responsable de l'apparition est l'étrange femme accroupie aux cheveux hirsutes et à l'air effaré. C'est la sorcière d'Endor.

Dans la Bible hébraïque, la sorcière d'Endor est une nécromancienne: elle communique avec les morts. Le peintre et poète anglais William Blake s'intéresse à un passage peu connu: le moment où le roi Saül, brûlant de connaître son destin, part au village d'Endor pour consulter une devineresse. Il est déguisé et accompagné par deux serviteurs. Dieu ne répondant pas à ses appels, Saül veut consulter le fantôme du prophète Samuel. Au départ, la sorcière refuse, car le roi Saül lui-même a interdit toute forme de divination sur ses terres. Alors qu'il insiste, elle obéit. Quand surgit le fantôme de Samuel, la magicienne reconnaît Saül et pousse un cri de terreur. Mais il lui promet qu'elle ne sera pas condamnée.

Blake dessine avec énergie ce bref épisode à la palette émotionnelle intense. De part et d'autre du fantôme, il oppose la fascination de Saül et la soumission terrorisée de la sorcière. Il insiste sur l'expressivité des yeux, de la bouche et surtout des mains des personnages. Selon le texte biblique, Samuel « monte » de terre. Il est « un vieillard [...] enveloppé d'un manteau ». Ses doigts pointent la terre d'où il est apparu. Les mains de Saül et de la sorcière sont au contraire grandes ouvertes et s'élèvent vers le ciel.

Blake a toujours privilégié la puissance expressive à la beauté. Il est certainement l'artiste anglais le plus anticonformiste de son temps. Souvent comparé à Füssli, il a un caractère extrême, révolté, passionné et agressif. Il fuit la référence gréco-romaine, les mythes païens, de même qu'il déteste l'observation de la nature et l'art du paysage. Il préfère de loin s'atteler à des thèmes mystérieux issus de la littérature ou de la science, ou à des sujets bibliques peu connus, telle la sorcière d'Endor.

Cherchez-moi une femme qui évoque les morts, et j'irai la consulter.

Premier livre de Samuel, XXVIII, 7

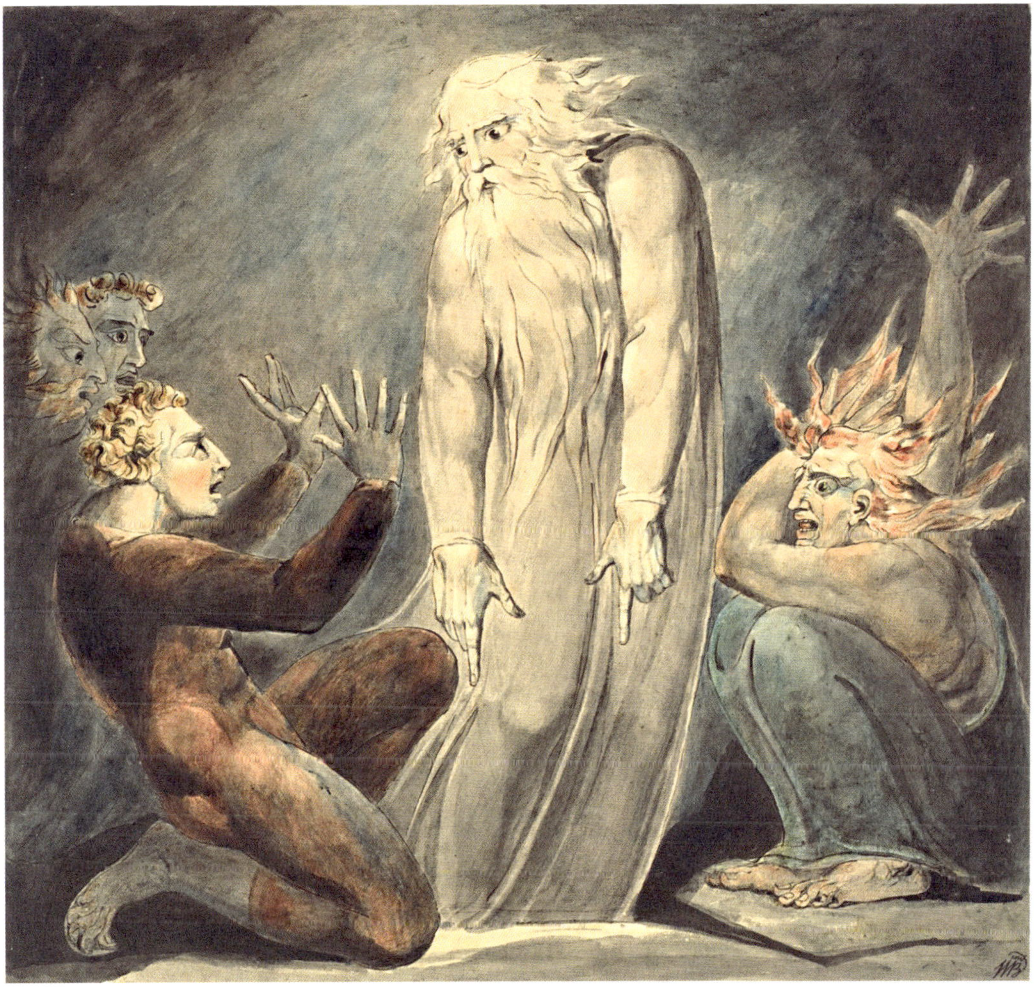

Le fantôme de Samuel apparaît à Saül
William Blake
Vers 1800
Crayon, encre et aquarelle sur papier
Washington, National Gallery of Art

Sabbat de sorcières

1831-1833

Qui est Faust ?

Le mythe de Faust, un savant insatisfait qui vend son âme au Diable, naît au XVIe siècle en Allemagne. **Goethe** le décline en deux tragédies, *Faust I* en 1808 et *Faust II* en 1832. Cette œuvre au succès immense est considérée comme l'une des plus importantes de la littérature allemande.

De la plume au pinceau

Si **Delacroix** est peintre, il n'en est pas moins féru de littérature. Auteur d'un *Journal* devenu célèbre, proche des écrivains et des poètes, il côtoie **George Sand** et **Victor Hugo**. Ses préférences vont vers **Dante**, **Shakespeare**, **Lord Byron** et **Goethe**. Il découvre *Faust I* dans sa première traduction française, puis il le voit au théâtre lors d'un séjour à Londres.

Sabbat de sorcières
Eugène Delacroix
1831-1833
Huile sur toile
Bâle, Kunstmuseum Basel

Diabolique tragédie

À l'âge de ving-cinq ans, Eugène Delacroix découvre avec fascination *Faust*, la tragédie du poète et écrivain allemand Goethe. Cette révélation l'inspire.

Cette scène de sabbat est issue de la première partie de *Faust*, pièce de théâtre publiée par Goethe en 1808. Fidèle au texte, Delacroix illustre la scène de la nuit de Walpurgis, une fête liée à sainte Walburge, célébrée clandestinement à la fin de l'hiver dans plusieurs pays d'Europe. Elle est interdite par l'Église pour son caractère néopaïen et associée au sabbat depuis des temps reculés.

Au premier plan se tiennent les deux personnages principaux, Faust et Méphistophélès, le Diable sous forme humaine. Delacroix les brosse rapidement, comme deux ombres noires contre un rocher. Ils sont venus assister à la scène virevoltante de sabbat qui se déroule en contrebas : « En tournoyant, rasez le sol, / Et courbez au loin les bruyères, / Sous vos escadrons de sorcières. » Une ruine gothique se détache sur le paysage désolé. Les montagnes sombres et le ciel tourmenté indiquent que nous sommes perdus dans des contrées inhospitalières, à la tombée de la nuit. La scène se situe sur le Blocksberg, ou Brocken. Ce mont allemand est, selon une légende ancestrale, le lieu des sabbats de sorcières.

Delacroix peint avec rapidité cette esquisse. Il ne s'agit pas d'un tableau destiné à une exposition, la touche y est plus libre. Les coups de pinceau dansent sur la toile et épousent le tournoiement infernal des sorcières. En 1830, cela fait plusieurs années qu'il s'intéresse à *Faust*. Le sujet est romantique par excellence : il combine amour, magie, mort, peur, exaltation des sentiments... En 1826, déjà, il a créé dix-sept lithographies pour l'édition d'une traduction française. Un projet qui l'a passionné et pour lequel il a travaillé les lignes tortueuses et les contrastes sombres.

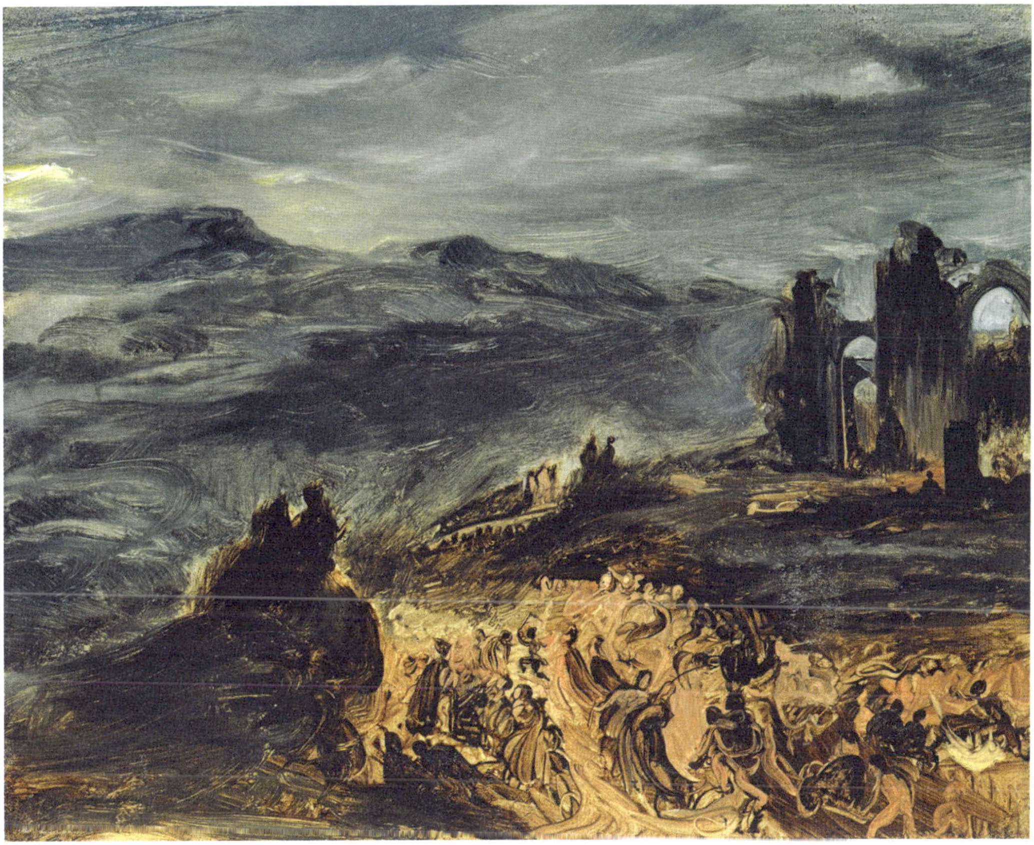

J'ai vu ici une pièce de *Faust* qui est la plus diabolique qu'on puisse imaginer.

Eugène Delacroix, lettre à Jean-Baptiste Pierret, 1825

Takiyasha la sorcière

Vers 1844

Sorcière *kawaii*

La sorcière occidentale, avec son balai, ses formules magiques, son habit noir et son chat, n'est véritablement assimilée par la culture japonaise qu'au XXe siècle, après la Seconde Guerre mondiale. Elle intègre alors, d'une manière enfantine et édulcorée, l'univers des **mangas** et de la **pop culture**.

Qui est Kuniyoshi ?

Exact contemporain d'**Hokusai**, **Utagawa Kuniyoshi** (1797-1861) est un des plus grands maîtres de la gravure sur bois japonaise. Spécialiste du genre héroïque et des portraits guerriers, il dessine avec audace des compositions aux personnages puissants et aux cadrages spectaculaires. Il est aussi célèbre pour ses caricatures humoristiques et subversives.

Dans le palais ruiné de Soma, la princesse Takiyasha termine sa lecture d'un rouleau (détail du tableau visible en page suivante).

Redoutable princesse

Un gigantesque squelette écarte un store de bambous et se dresse au-dessus de deux hommes. Il répond aux incantations de la jeune femme, la princesse mythique Takiyasha, une redoutable sorcière.

La sorcière Takiyasha est un personnage historique : elle est la fille du seigneur provincial Taira no Masakado, qui essaie au Xe siècle de se soulever contre le pouvoir impérial légitime de Kyōto. Alors qu'il est tué, et sa rébellion écrasée, sa fille continue de vivre dans son palais en ruine.

Dans le folklore japonais, elle devient une figure surnaturelle, experte en sorcellerie, qui souhaite venger la mort de son père et prend le nom de Takiyasha Hime, « Princesse Démon de la Cascade ». La représentation de cette princesse-sorcière par le maître de l'estampe Utagawa Kuniyoshi est une des plus célèbres. La princesse est représentée en kimono à longues manches. Elle tient le rouleau sur lequel sont écrits ses sortilèges. Elle vérifie l'apparition du squelette géant qu'elle a appelé pour faire fuir le guerrier et son compagnon. Ce héros guerrier, Oya no Taro Mitsukuni, envoyé par l'empereur pour détruire le pouvoir maléfique de la femme, sortira vainqueur.

La sorcière Takiyasha est un sujet fréquent dans les gravures sur bois appelées « images du monde flottant » (*ukiyo-e*). Quand elle est représentée seule, elle est reconnaissable à sa monture, un crapaud géant. Elle porte un sabre à la main et une torche dans la bouche.

Les sorcières japonaises font partie du folklore et de la littérature. Elles côtoient tout un cortège de *yokai*, ces esprits malicieux ou malfaisants, fantômes ou démons, dont fait partie le squelette géant de Kuniyoshi.
Une autre sorcière souvent présente dans les estampes traditionnelles est Yama-Uba (« sorcière de la montagne »), une vieille femme hideuse qui vit cachée dans la nature, mais qui est aussi la protectrice du héros Kintaro, l'enfant doré à la force surhumaine.

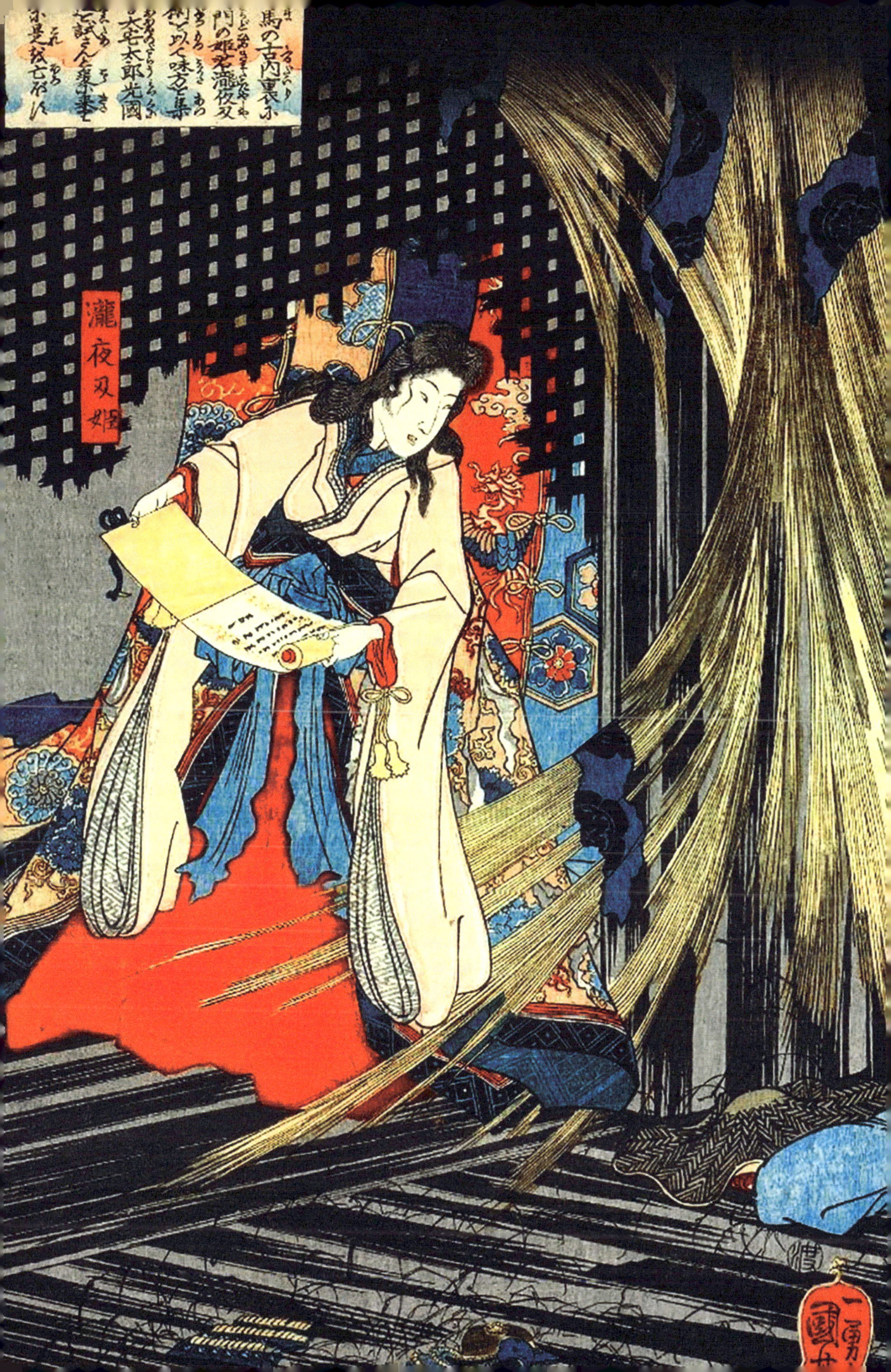
馬の古内裏に
門の姫君瀧夜叉
術を以て味方を集
大宅太郎光國
瀧夜叉姫

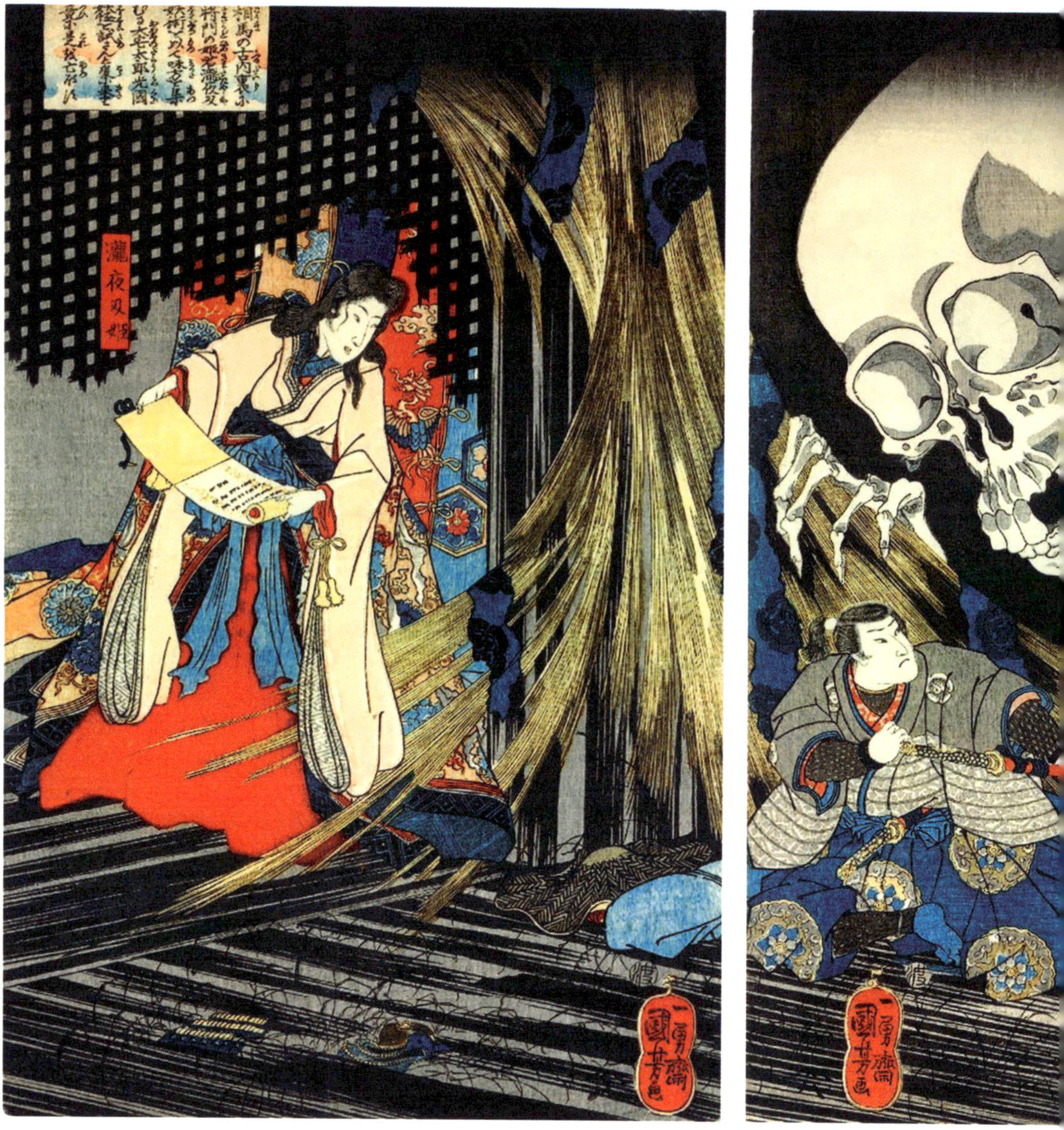

Takiyasha la sorcière et le fantôme du squelette
Utagawa Kuniyoshi
Vers 1844
Lithographie
Londres, Victoria and Albert Museum

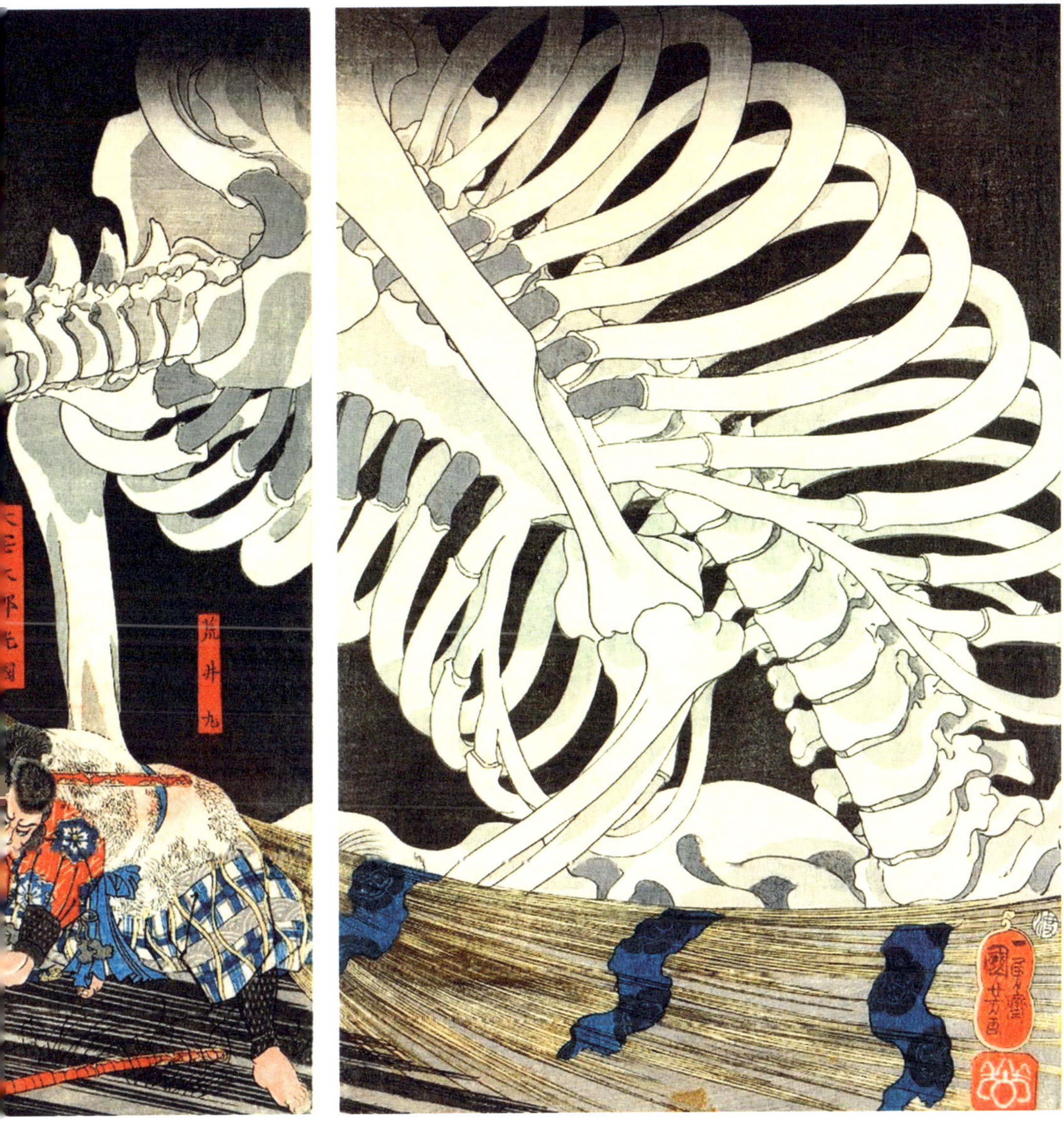
荒井丸
一勇齋國芳画

Sorcières se rendant au sabbat

1878

Connaissez-vous l'art pompier ?

Le style lisse et soigné des **artistes académiques** de la fin du XIXe siècle gagne la faveur du public avant d'être dévalorisé et surnommé péjorativement « art pompier ». Est-ce en raison de son aspect pompeux ou des casques rutilants de certaines peintures de gladiateurs ? Il est en tout cas **critiqué** pour son érotisme bourgeois et son aspect compassé.

Érotisme sous conditions

Au XIXe siècle, les prétextes sont nombreux mais les codes précis pour représenter un **nu féminin**. Le nu ne doit surtout pas être une femme blanche réaliste. On accepte les **divinités** (Vénus), les **Orientales** (odalisque dans un harem, esclave examinée par un acheteur), le registre du **merveilleux** (sorcière chevauchant un balai).

Éros et thanatos

Une dizaine de jeunes ensorceleuses nues volent à la lueur blafarde de la lune. À la fin du XIXe siècle, ces jeunes sorcières sont un prétexte idéal pour les amateurs de peinture mystique, mais surtout érotique.

Ce vol de sorcières reprend de nombreux codes mis en place depuis le Moyen Âge et la Renaissance. Les sorcières chevauchent balais et bouc - symbole du Diable depuis l'époque médiévale à cause, entre autres, de ses cornes pointues. Les ensorceleuses prennent en volant des poses extravagantes, plus lascives les unes que les autres...

La femme âgée au centre fait exception. Son visage, enlaidi par un nez crochu et des verrues, fait d'elle l'archétype de la vieille sorcière des contes populaires. Derrière, un squelette aux yeux jaunes, image de la mort, tente de la rattraper alors qu'elle tente de s'accrocher à sa jeunesse perdue - la jeune sorcière juste devant elle. Celle-ci incarne le fantasme « fin de siècle » de la femme à la sexualité libérée. Belle comme Vénus, la rousse à la peau laiteuse se cambre d'une manière extatique. Le cortège tournoyant est complété par le bestiaire coutumier : chat noir (symbole sexuel), chauves-souris (symboles nocturnes), squelette d'oiseau et lézard volant (symboles de la mort - voir encadré p. 88).

Luis Ricardo Falero est un peintre espagnol à la carrière européenne. Né à Grenade, il vit plus de vingt ans à Paris avant de s'installer à Londres, où il connaît un grand succès. Ce vol de sorcières est réalisé lors de sa période parisienne. Son art est bercé par les derniers feux d'un romantisme suranné, teinté d'orientalisme et d'érotisme. Mais Falero se distingue de Bouguereau, de Cabanel ou de Gérôme par un esprit plus symboliste et décadent. Son intérêt pour le thème ésotérique de la sorcellerie, récurrent dans son œuvre, est-il lié à ses origines espagnoles et au souvenir de Goya ?

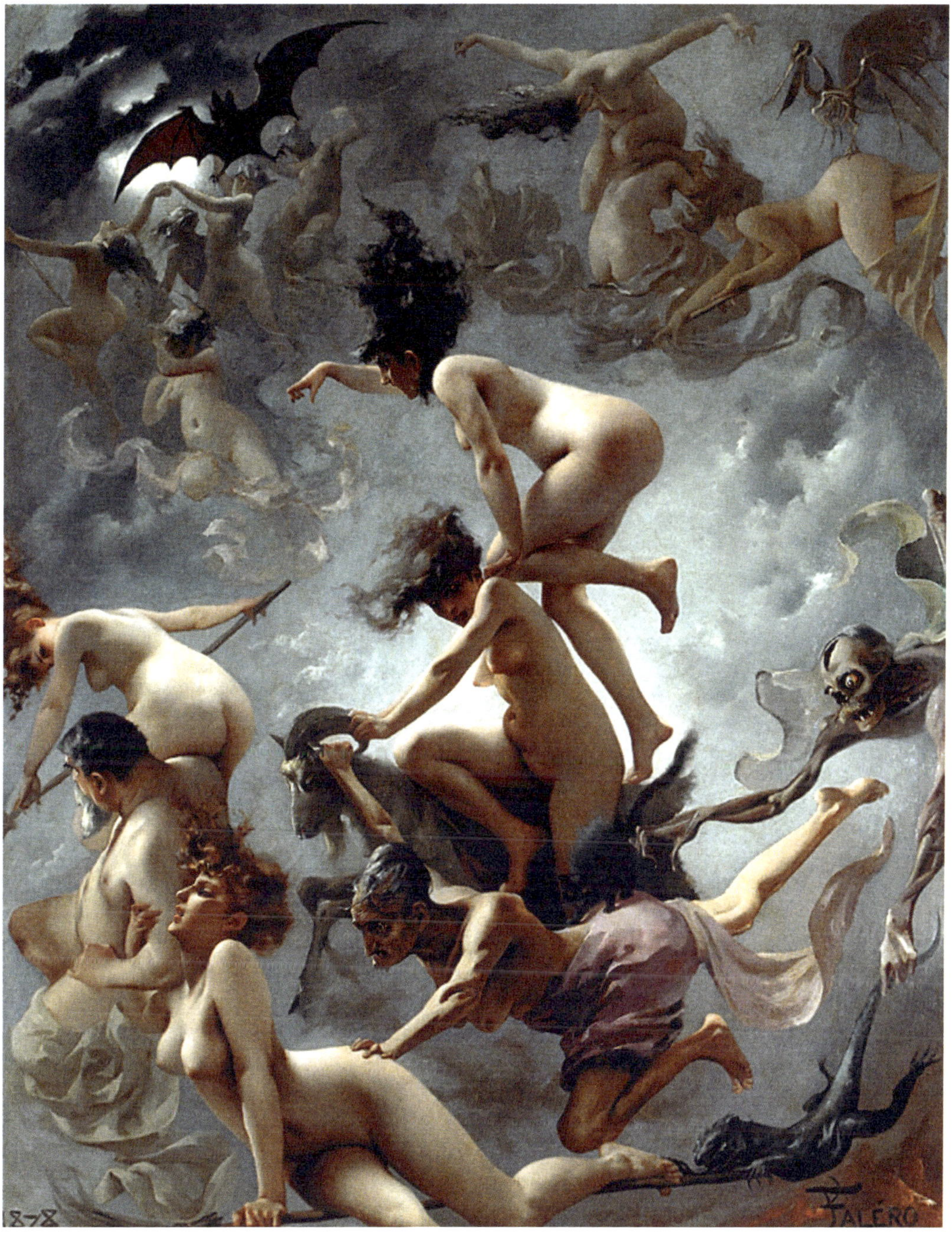

Sorcières se rendant au sabbat
Luis Ricardo Falero
1878
Huile sur toile
Collection particulière

Jeanne d'Arc

1879

Jeanne la sorcière !

En Angleterre et pendant longtemps, Jeanne d'Arc continue à être considérée comme une sorcière. Preuve en est, **Shakespeare**, dans sa pièce *Henri VI*, fait d'elle une sorcière sensuelle et une guerrière audacieuse. Elle est représentée comme telle dans des gravures ou des peintures anglaises se référant à la pièce shakespearienne

REPÈRES

Jeanne d'Arc en quelques dates

- **1412** Naissance à Domrémy (Lorraine)
- **1429** Délivre Orléans des Anglais
- **1430** Capturée et vendue aux Anglais par les Bourguignons
- **1431** Condamnée et brûlée vive à Rouen
- **XIXe siècle** Regain d'intérêt autour d'enjeux religieux et politiques
- **1870** Après la guerre contre la Prusse, devient figure nationale
- **1920** Canonisation

De si réelles apparitions

En pleine guerre de Cent Ans, Jeanne d'Arc, âgée de treize ans, a une révélation divine. Lors de son procès en 1431, elle racontera qu'elle se trouvait à ce moment-là dans le jardin de ses parents, à Domrémy, en Lorraine.

Très jeune, Jeanne d'Arc entend des voix célestes. Elles lui disent qu'elle doit être pieuse, libérer le royaume de France de l'envahisseur et conduire le roi Charles VII sur le trône. Jeanne identifie plus tard ces voix : celles des saintes Catherine et Marguerite, et de l'archange saint Michel. Ce sont, entre autres, ces voix qui la font suspecter de sorcellerie lors de son arrestation et de son procès. Hérétique et sorcière : tel est le jugement de l'évêque de Beauvais Pierre Cauchon à son encontre. Œuvrant au service des Anglais, il la condamne au bûcher à Rouen le 30 mai 1431. Bien entendu, Jeanne nie.

Le peintre Jules Bastien-Lepage s'intéresse aux voix entendues par la jeune Lorraine. Il représente derrière elle les trois personnages saints qui se confondent avec le mur de la maison et les feuilles des arbres. Tandis que les saintes aux nimbes dorés se font discrètes dans leurs robes blanches fantomatiques, saint Michel s'avance dans son armure de chevalier et tend une épée à Jeanne. En contraste avec l'apparition surnaturelle, Bastien-Lepage figure la jeune fille avec simplicité et réalisme. Elle a laissé son dévidoir et renversé son tabouret dans l'herbe pour mieux entendre les voix. En tenue de paysanne, elle est émouvante par son regard perdu et ses joues roses.

Spécialiste des scènes rurales rudes et sincères, Bastien-Lepage est l'un des grands représentants de la mouvance naturaliste. Celui qui est qualifié par Émile Zola de « petit-fils de Millet et de Courbet » est d'origine lorraine, comme Jeanne d'Arc. Il présente cette œuvre au Salon de 1880. Dix ans après la perte par la France de l'Alsace-Lorraine, la jeune héroïne est devenue un symbole national important pour les Français.

[…] aucun peintre n’avait encore eu l’idée de nous donner une Jeanne d’Arc réelle, une simple paysanne dans le cadre de son petit jardin lorrain.

Émile Zola, « Le naturalisme au Salon », *Le Voltaire*, 1880

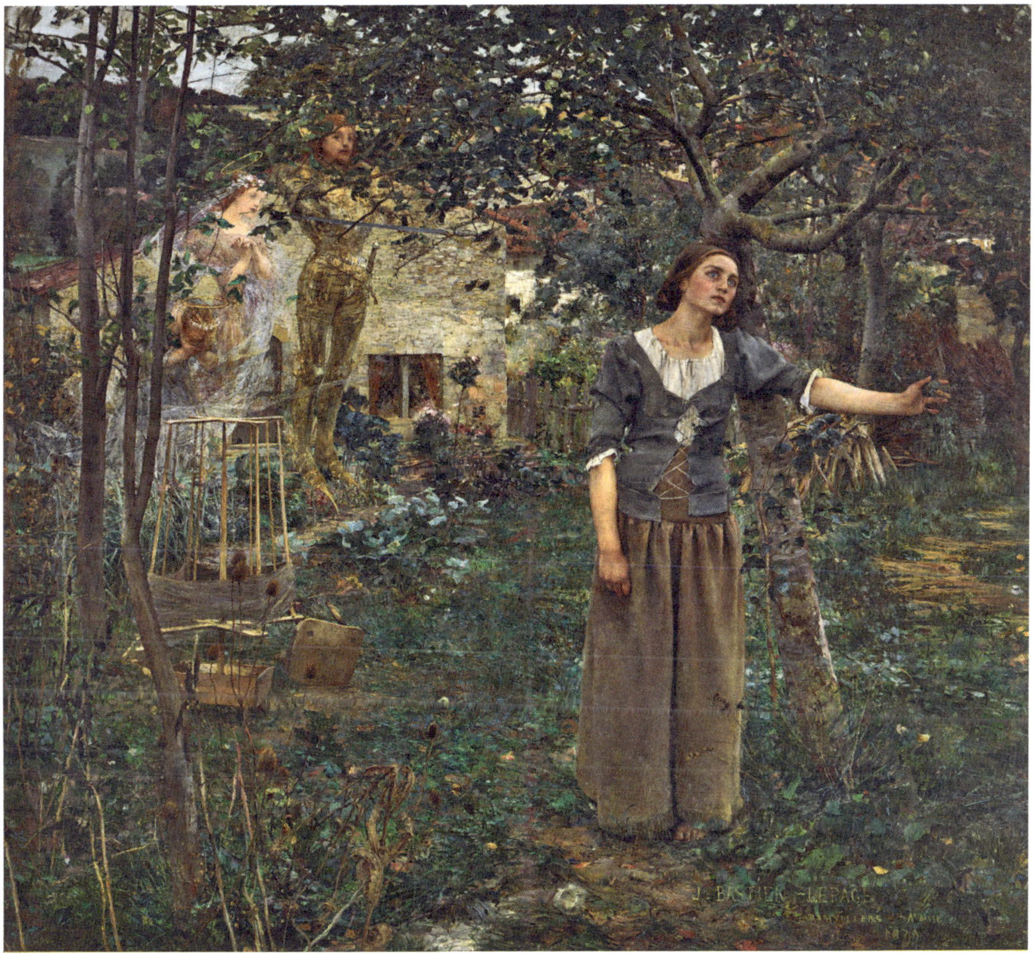

Jeanne d’Arc
Jules Bastien-Lepage
1879
Huile sur toile
New York, The Metropolitan Museum of Art

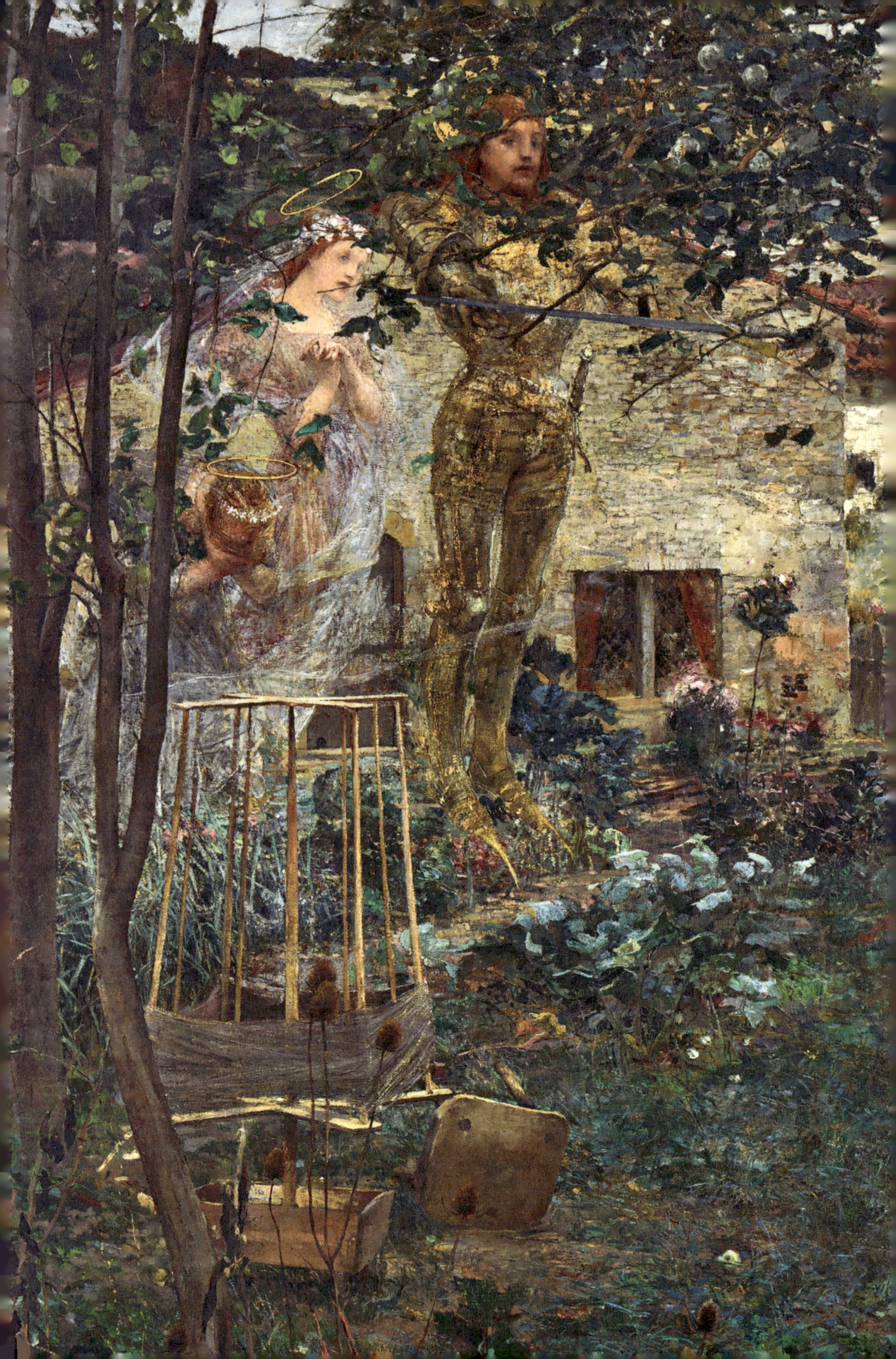

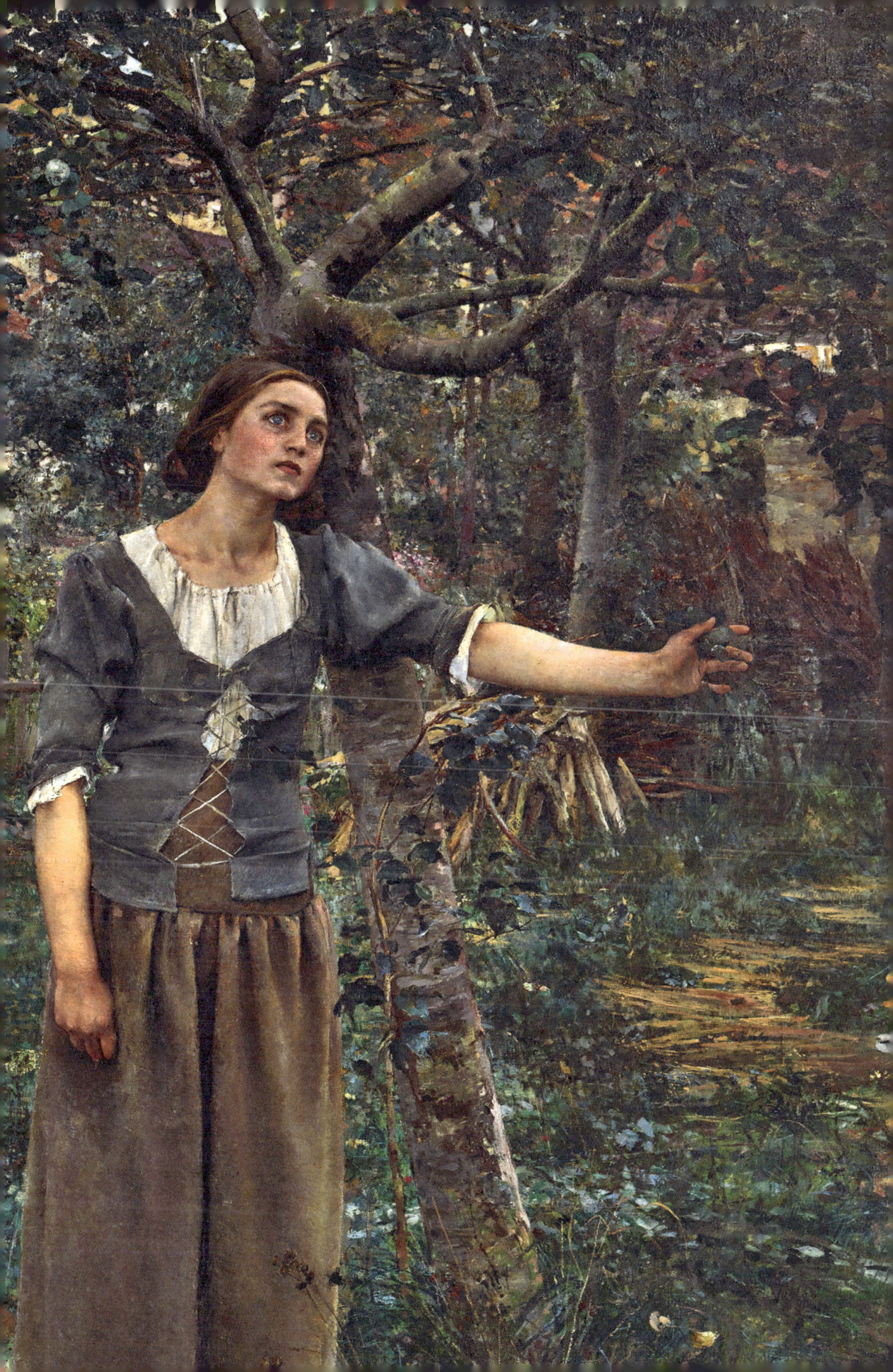

Préparation pour le sabbat

1896

Sexualité diabolique

Le sabbat est vu, depuis la fin du Moyen Âge, comme le lieu d'une sexualité hors norme et hors de contrôle. Dans l'imaginaire « fin de siècle », la sorcière est l'**antithèse de la femme vertueuse**. Elle n'est ni la jeune fille prude et délicate ni la mère de famille dont la sexualité est encadrée par le mariage et vouée à la procréation.

Belles fesses

En grec ancien, **callipyge** (*kallípugos*) signifie littéralement « belles fesses ». L'**Aphrodite**, ou Vénus, callipyge est un type de statues antiques représentant la déesse de l'Amour et de la Beauté soulevant son vêtement pour admirer ses fesses par-dessus son épaule. Une source d'inspiration certaine pour Félicien Rops.

La Petite Sorcière
ou *Préparation pour le sabbat*
Félicien Rops
1896
Crayon, crayons de couleur
et gouache sur papier
Namur, musée Félicien Rops

Sorcière callipyge

À mi-chemin entre la Vénus callipyge et la prostituée, une sorcière se fait belle pour sa rencontre avec le Diable. Assise à sa coiffeuse, elle se pomponne les fesses à l'air.

Dans sa chambre, la sorcière se poudre le nez en se regardant dans un miroir. Trop occupée à son reflet, elle oublie ses livres, tombés par terre, comme celui sur lequel est écrit « Albert le Grand », nom d'un dominicain du Moyen Âge supposément magicien et alchimiste. Elle s'est lavée, si l'on en croit le broc et la cuvette posés sur sa table. Elle a mis sur ses cheveux - roux, bien entendu - un chapeau au ruban noir, a enfilé ses bas et revêtu une étonnante cape noire qui dévoile son postérieur. Son corbeau nous regarde d'un œil menaçant. La sorcière est vue légèrement en contre-plongée. Le cadrage nous donne l'impression d'entrer par hasard dans une chambre sous les toits, comme si nous étions à la porte, encore dans l'escalier.

La toilette de la prostituée est un des sujets de prédilection du sulfureux dessinateur belge Félicien Rops. La sorcière à sa toilette, en vol sur son balai ou s'accouplant avec Satan, est un autre grand thème de cet artiste volontiers érotique voire pornographique. Proche des courants symboliste et décadentiste, Rops est passionné par l'univers de Baudelaire et d'Huysmans, par la médecine de l'hystérie, mais aussi par le satanisme.

La plupart de ses œuvres mettent en scène la femme fatale. Séductrice perverse et castratrice, elle manipule les hommes, misérables voyeurs, comme des pantins. Rops s'empare, non sans humour, de la figure de la sorcière comme incarnation de la sexualité débauchée. Rappelons que si la sorcière se rend au sabbat, ce n'est pas seulement pour adorer le Diable, mais aussi pour lui embrasser l'anus et s'accoupler avec lui au moment de l'orgie finale !

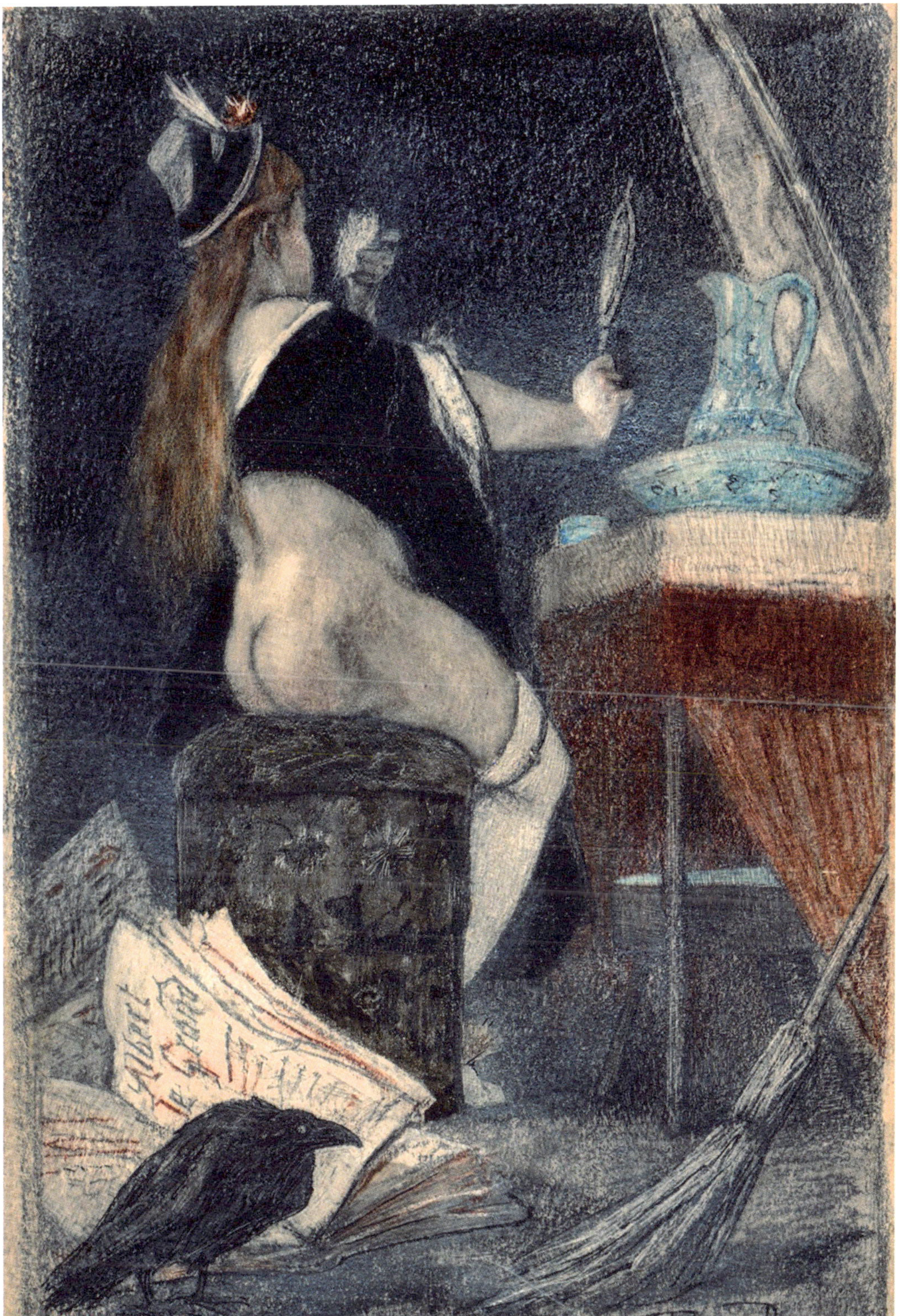
Albert le Grand
Felicien Rops

La Sorcière

1897

Mortels reptiles

Le **serpent** et le **lézard** sont des attributs anciens de la mort. La raison en est leur sang froid et leur condition de reptile, toujours en contact avec le sol. Ils font symboliquement le lien entre le monde du sol (les vivants) et celui du sous-sol (les morts). Le lézard, plus rare en art que le serpent, est par exemple déjà associé à la mort dans une gravure de **Dürer** (XVIe siècle).

REPÈRES

Petite histoire du pastel

- **XVe siècle** : Invention en France ou en Italie du bâtonnet de couleur
- **XVIe siècle** : Utilisé par Léonard de Vinci
- **XVIIIe siècle** : Âge d'or (Carriera, La Tour, Chardin, Perronneau)
- **XIXe siècle** : Renaissance grâce à Degas, Toulouse-Lautrec, Lévy-Dhurmer et Redon

La Sorcière
Lucien Lévy-Dhurmer
1897
Pastel sur papier
Paris, musée d'Orsay

Rêve de sorcière

Une fois n'est pas coutume, voici une calme sorcière enveloppée dans son grand manteau. Douce comme une apparition dans la brume, la sorcière de Lucien Lévy-Dhurmer nous invite à une rêverie mélancolique.

Les yeux fermés, plongée dans ses pensées, la sorcière tient un flacon et serre contre elle sa baguette. Elle est entourée de ses animaux fétiches : un petit serpent qui s'enroule autour de sa baguette, son fidèle chat noir qui lui grimpe sur les épaules, un lézard qui vient lui chatouiller le menton... À l'orée d'un bois, à la tombée du jour, un vol de chauves-souris passe au-dessus de sa tête et leurs ailes se confondent presque avec les feuilles des arbres. On distingue le spectre d'une chouette noire aux grands yeux bleus en bas à droite.

Les couleurs sont d'une grande sobriété : du gris et du noir, un ciel blanchi éclairé par la lueur de la lune et, surréels, des animaux bleu vif ! Le serpent et le lézard semblent phosphorescents. Un rehaut azur sur la capuche leur répond. Les yeux du rapace et du chat, aux notes mêlées de jaune et de bleu, brillent avec intensité. L'artiste instaure un jeu subtil entre ombre et lumière, entre simplicité et surnaturel.

Lucien Lévy-Dhurmer est certainement le plus brillant pastelliste de sa génération. Il est l'auteur de nombreux portraits féminins évanescents et mystérieux. Notre sorcière s'inscrit dans une série de figures énigmatiques : *Le Silence* (1895), *La Femme à la médaille* (1896)... Ces muses silencieuses sont toujours en partie cachées sous un voile. Leur visage est rendu avec précision, tandis que leurs vêtements et les autres parties de leur corps sont traités avec plus de rapidité. Le flouté tendre des contours, spécialité de Lévy-Dhurmer, nous rappelle son admiration pour le *sfumato* de Léonard de Vinci. Cet estompage confère une atmosphère symboliste : subjective, énigmatique, à la fois mortifère et onirique.

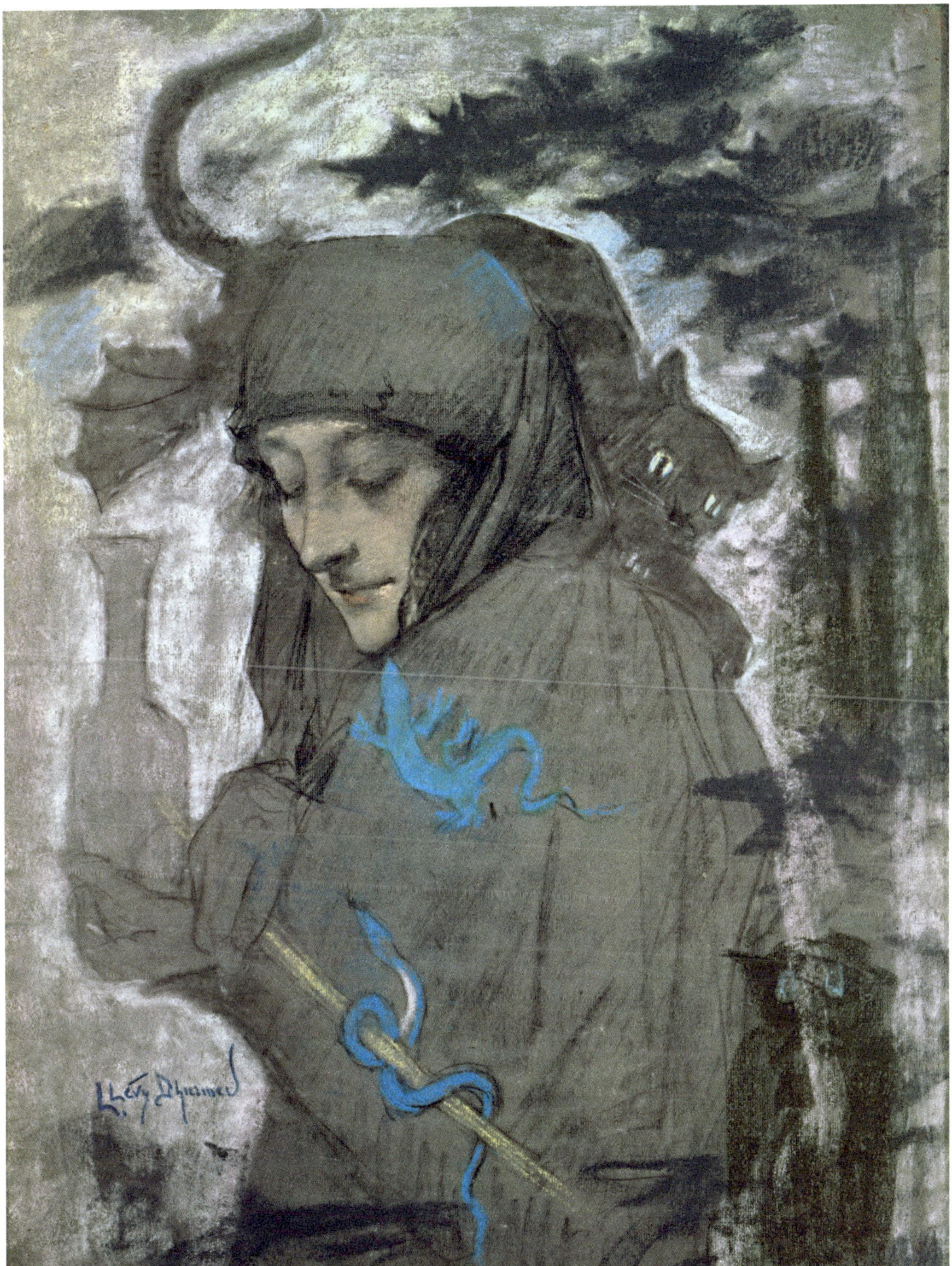
L. Lévy Dhurmer

Baba Yaga

1900

Qui est Baba Yaga ?

Baba Yaga est un **personnage mythique** aux multiples facettes qui apparaît dans de nombreux contes. Dans certains, il existe même trois Baba Yaga. **Ravisseuse, cannibale, combattante**, elle est aussi maîtresse de la forêt, liée aux bêtes sauvages et au royaume des morts.

Il était une sorcière

Vassilissa-la-très-belle : Baba Yaga
Blanche-Neige : la reine et belle-mère
Hansel et Gretel : la sorcière dans la maison de pain d'épices
La Belle au bois dormant : Carabosse
La Petite Sirène : la sorcière des mers

Baba Yaga
Ivan Bilibine
Illustration pour
Vassilissa-la-très-belle
1900
Lithographie
Collection particulière

Il était une fois...

Au fond d'une grande forêt de bouleaux, dans une hutte perchée sur deux énormes pattes de poule, vit Baba Yaga. Elle est la sorcière slave la plus connue et la plus crainte.

Dans les contes de Russie et d'Europe de l'Est, il est souvent question de la hideuse mangeuse d'enfants Baba Yaga. Elle est reconnaissable, car son apparence est toujours décrite de la même manière. Elle a le dos voûté, de longs cheveux blancs et un nez crochu. Pour se déplacer dans les airs, elle monte à bord d'un mortier, qu'elle propulse avec son pilon. Comme souvent chez les sorcières, l'outil domestique est transformé en instrument diabolique. Le mortier de Baba Yaga ne sert pas à concocter des remèdes à base de plantes, mais à broyer les destinées humaines. Quant à son balai, il lui permet d'effacer les traces de son passage parmi les hommes. Cheveux au vent, pilon en avant, la terrible Baba Yaga file à toute allure.

Le dessinateur Ivan Bilibine consacre une partie de sa carrière à l'illustration de contes. Baba Yaga fait partie d'une édition de *Vassilissa-la-très-belle*, un conte très connu transcrit par le folkloriste Alexandre Afanassiev à la fin du XIXe siècle. La belle jeune fille, orpheline, affronte la terrible sorcière anthropophage. Elle sort grandie de cette épreuve initiatique qui la libère de sa marâtre.

Pour ses illustrations aux lignes fermes et aux couleurs en aplat, Ivan Bilibine s'inspire autant des *loubki*, ces images populaires slaves assez rudimentaires, que des arts graphiques européens ou de l'estampe japonaise. Ses images précises fourmillent de détails tour à tour réalistes, naturels et merveilleux. En témoigne le soin apporté au costume rapiécé et au visage de Baba Yaga, à son menton barbu, ses cheveux épars et son anneau à l'oreille gauche. On perçoit l'amour de Bilibine pour la forêt russe, les essences de pin et de bouleau, et, sur le sol couvert de mousse, les champignons vénéneux d'un rouge éclatant.

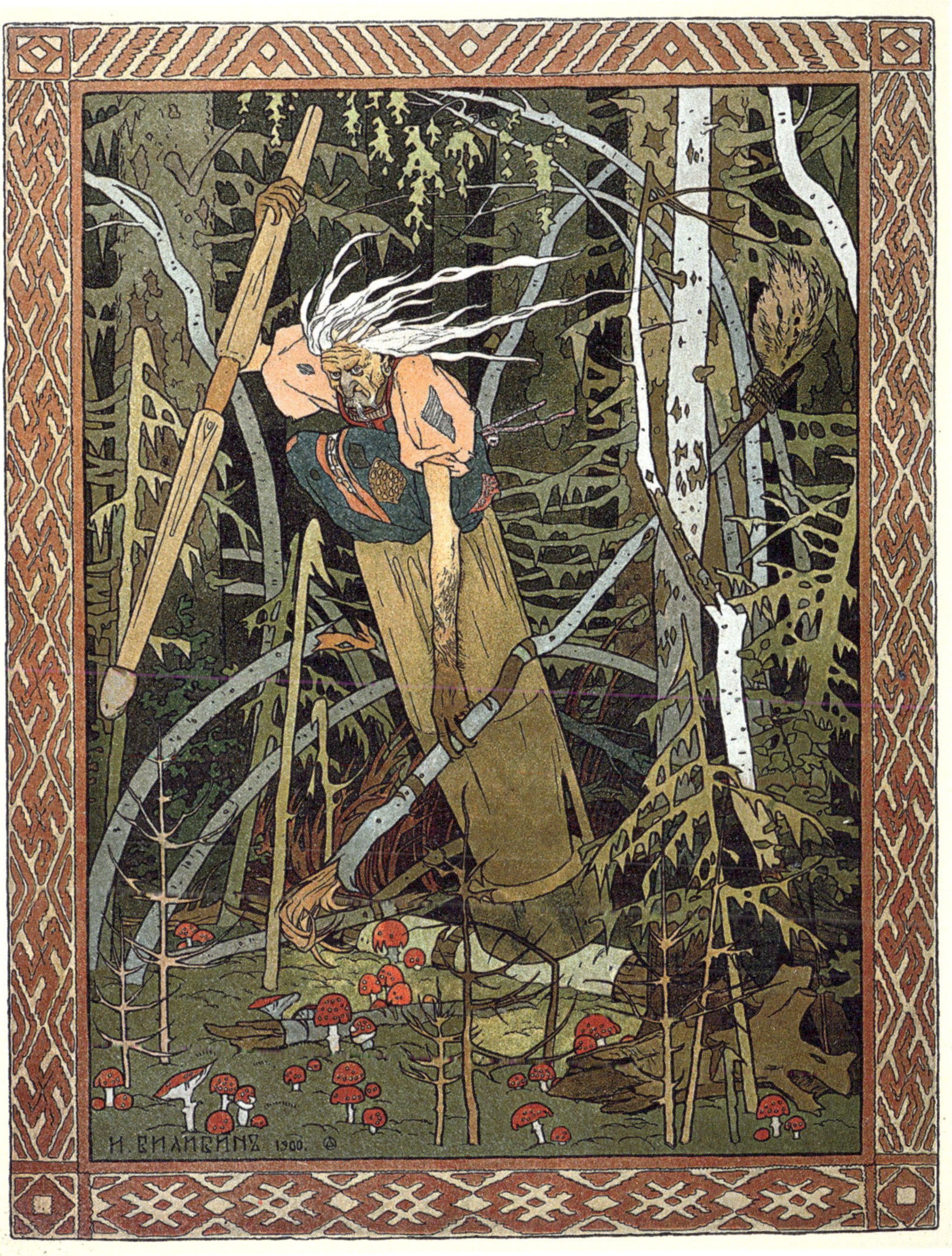
И. БИЛИБИНЪ 1900.

Tilla Durieux en Circé

1913

Femmes fatales

Objet du désir masculin bourgeois, la femme fatale est une figure incontournable de l'art symboliste de la fin du XIXe et du début du XXe siècle. Plus redoutables et séduisantes les unes que les autres, les « vénéneuses » tuent, transforment ou pétrifient les hommes qui tombent sous leur charme. Elles se nomment **Lilith**, **Judith**, **Ève**, **Méduse**, **Salomé**, **Circé**...

L'élève inattendu

Maître du symbolisme allemand, **Franz von Stuck** aime les sujets bibliques ou mythologiques. Dans ses toiles, il fait éclater les couleurs pures sur des fonds sombres. Une leçon colorée que retiendra son plus célèbre élève : le Russe **Vassily Kandinsky**.

Tilla Durieux en Circé
Franz von Stuck
1913
Huile sur bois
Berlin, Alte Nationalgalerie

Un rôle sur mesure

La belle et dangereuse Circé présente à Ulysse la coupe remplie de potion. L'envoûtante magicienne de l'*Odyssée* d'Homère est devenue au fil des siècles un sujet de peinture et un personnage de théâtre.

Le profil de Circé se découpe sur un fond noir opaque. Sa peau n'en paraît que plus claire, ses cheveux plus roux, sa robe plus scintillante. Les couleurs ne sont pas choisies au hasard ; rouge, jaune, bleu : le peintre utilise la fameuse triade des primaires. Les cheveux bouclés de Circé et sa bouche entrouverte sont rouges. La rousseur est l'apanage des femmes attirantes et dangereuses par excellence. C'est aussi la couleur de cheveux des sorcières depuis l'époque médiévale. Sa robe est d'un bleu profond parsemé de fils d'or. Ils font écho aux bijoux et à la coupe au décor de lion. L'ensorceleuse tend le breuvage à un Ulysse invisible, que l'on imagine en dehors du tableau. Elle regarde avec intensité cet homme qu'elle souhaite transformer en animal docile... mais pour lequel elle éprouve aussi du désir.

Cette peinture de Franz von Stuck n'est pas qu'une référence à la mythologie grecque (voir p. 16). Elle est aussi le portrait d'une actrice célèbre : Tilla Durieux. Cette femme au fort tempérament est une comédienne et actrice de cinéma muet de la Belle Époque. À Berlin, elle tourne avec Fritz Lang notamment. Son second époux est le marchand d'art et mécène Paul Cassirer. Par son intermédiaire, elle rencontre le monde des peintres et pose pour Renoir. En 1912, alors qu'elle incarne Circé au théâtre à Munich, Stuck l'invite à poser dans son atelier. Pour le peintre, elle revêt ses costumes de scène et pose devant un drap noir. Cette mise en scène dramatique est un choix que Stuck répète souvent pour ses figures féminines. L'artiste prend des photographies et la séance de pose ne dure pas plus longtemps. Il réalise ensuite plusieurs portraits de Tilla en Circé uniquement à partir des clichés, encore conservés aujourd'hui.

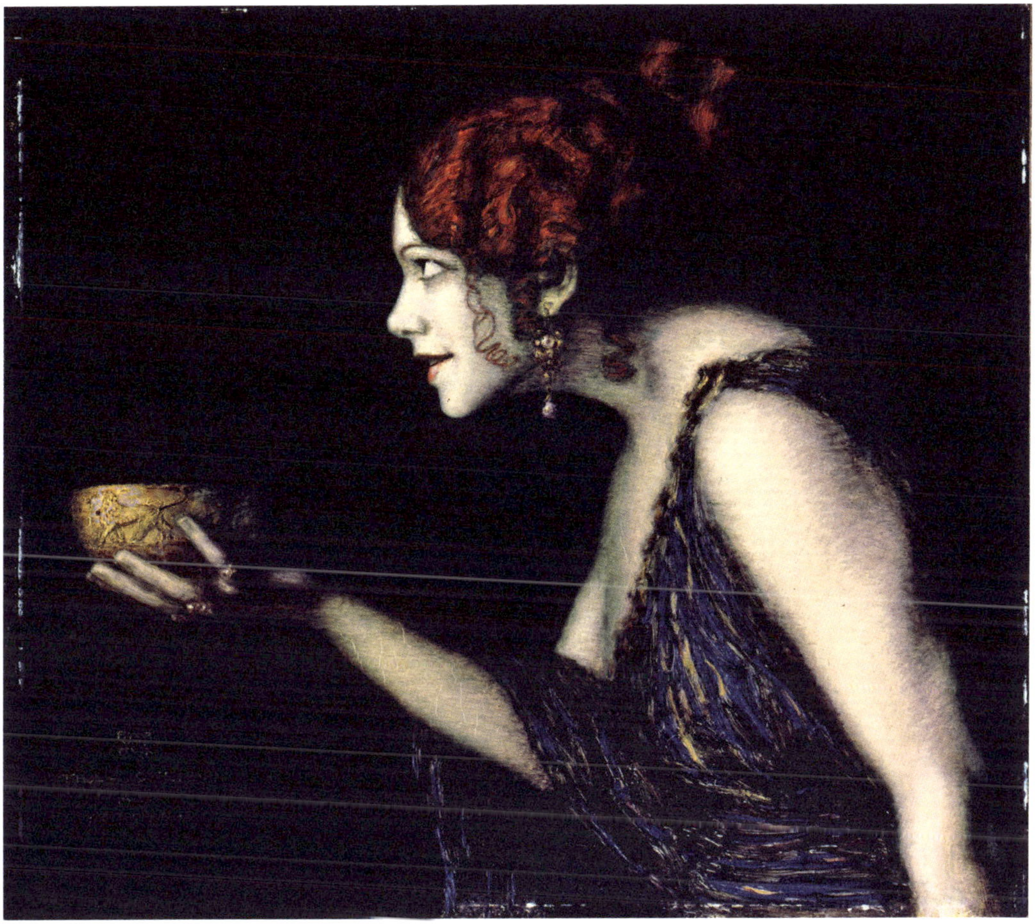

Là, elle répand le liquide, extrait d'une racine vénéneuse, et, de sa voix de magicienne, elle murmure neuf fois une formule obscure, faite d'assemblage de mots inconnus.

Ovide, *Métamorphoses*, livre XIV, vers 56-58

La Sorcière au peigne

1922

Homme au foyer

Le fils de **Paul** et **Lily**, pianiste, naît en 1907. Comme sa carrière peine à démarrer, c'est surtout Paul qui s'occupe du petit **Félix**. Il note tout du développement, des progrès, des maladies de son fils. Cette proximité quotidienne avec son enfant influence certainement ses œuvres.

Sorcières

Paul Klee aime les **signes mystérieux**, les **êtres fantastiques** et **hybrides**. Il vénère la nature et la forêt, il pense à la mort. Autant de thèmes qui se conjuguent dans la figure de la sorcière, qu'il traite plusieurs fois en peinture, comme dans *Sorcières de la forêt* (1938), qui fait partie des œuvres les plus impressionnantes de la fin de sa carrière.

La Sorcière au peigne
Paul Klee
1922
Lithographie
Paris, musée national d'Art moderne - Centre Pompidou

Entre sérieux et humour

Mi-amusante, mi-inquiétante, *La Sorcière au peigne* est plutôt inhabituelle. Cette petite figure bien campée sur ses minuscules pieds pointus nous observe avec aplomb de ses yeux ronds, en fronçant les sourcils.

La sorcière de Paul Klee est vêtue d'une robe à volants et coiffée d'un peigne, dressé sur sa tête telle une petite couronne. Il s'agit sans doute d'un regard amusé de l'artiste sur la mode des peignes, ces petits accessoires à cheveux très en vogue au début des années 1920. Le peigne espagnol, par exemple, se dresse dans les chevelures féminines à la manière d'un petit éventail.

La sorcière est composée de lignes simples complétées par des points - pour les yeux, les ornements du peigne et de la boucle d'oreille - et quelques hachures pour les ombres. L'œuvre oscille entre le croquis, la caricature et le dessin enfantin. Sa tête, disproportionnée, expressive, est posée sur un petit corps naïf et géométrique. Ses cheveux et son châle ressemblent à des papiers enroulés, un motif que l'on retrouve souvent chez Klee, surtout dans ses dessins des années 1920. Les mains sont deux flèches noires qui pointent vers le sol avec insistance. Elles lui donnent un aspect surprenant, autoritaire et menaçant. La flèche est fréquente chez Klee, qui recourt aux signes géométriques pour leur puissance expressive. Il aime leur simplicité et leur efficacité visuelle. Les signes tels que les croix, flèches, étoiles ou lunes lui évoquent les dessins d'enfant, l'art préhistorique dessiné sur les parois des grottes ou les hiéroglyphes égyptiens.

Dans les années 1920, Paul Klee dessine toute une galerie de personnages à l'humour grinçant: *Humour macabre* (1919), *Fantôme d'un génie* (1922), *Sorcières concoctant un breuvage* (1922)... Tout l'art de Paul Klee balance entre le sérieux et l'humour, le spirituel et le terrestre, l'art savant et l'art populaire, entre le monde cruel et désenchanté des adultes et celui, ludique et merveilleux, de l'enfance.

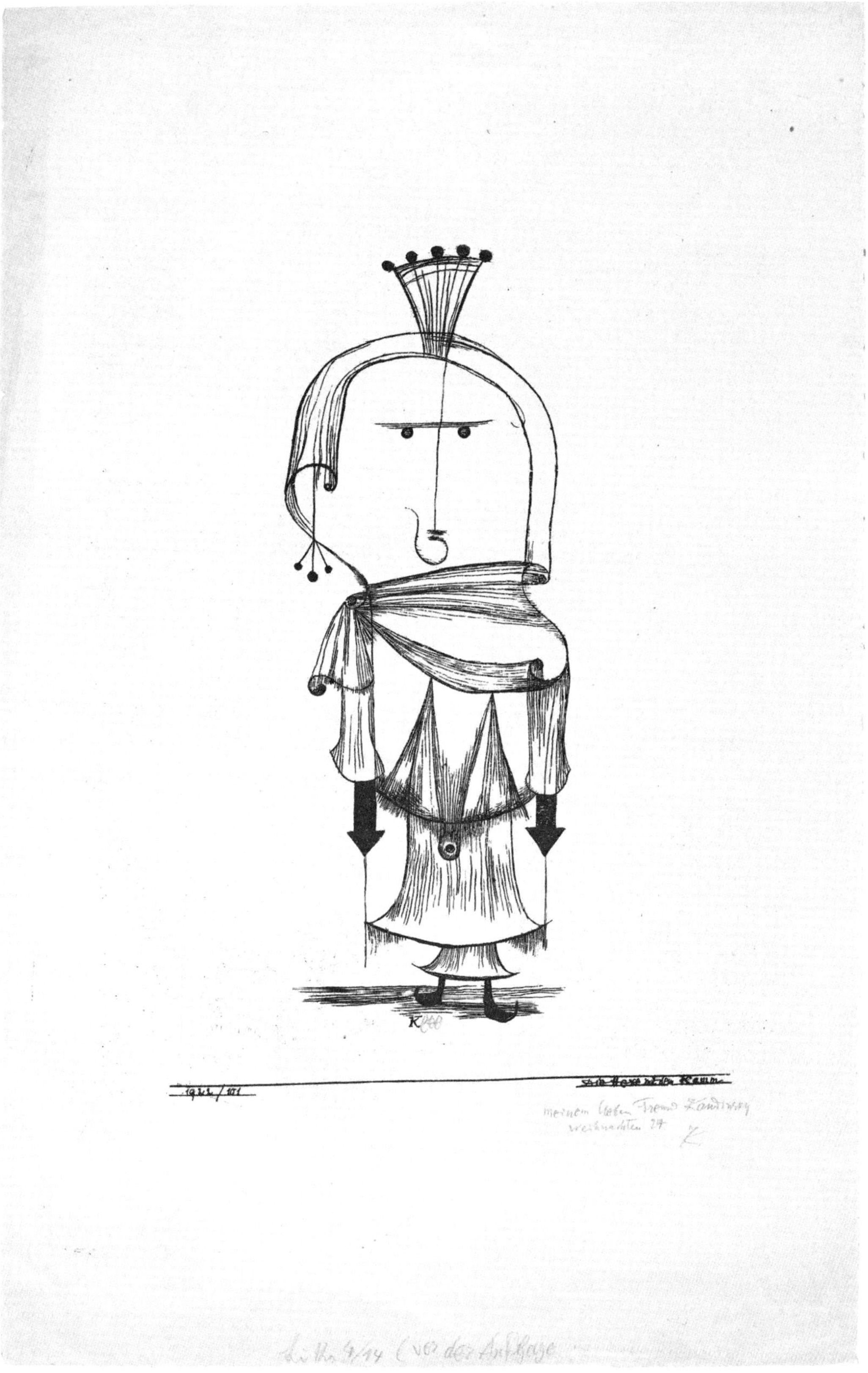

Klee
1922 / 101
Die Hexe mit dem Kamm
meinem lieben Freund Kandinsky
weihnachten 24
Litho 4/14 (vor der Auflage

Boullo, sorcière de Bengamissa

1925-1926

Transfert culturel

Les Européens envahissent les côtes africaines et commencent le commerce d'esclaves au XVIe siècle, alors que la chasse aux sorcières bat son plein. Face aux pratiques africaines inconnues liées aux puissances invisibles, comme la **divination** ou la communication avec les **esprits**, ils établissent un parallèle avec la sorcellerie.

Qu'est-ce qu'un fétiche ?

Le mot « fétichisme » est inventé par **Charles de Brosses**, au XVIIIe siècle. Les fétiches sont multiples : cornes, sacs, objets de protection ou de divination. Ils sont manipulés par ceux que les Européens nomment « féticheurs » et « féticheuses », bien que la réalité soit plus riche et complexe !.

Boullo, sorcière de Bengamissa
Guillaume Laplagne
1925-1926
Plâtre peint
Collection particulière

France-Afrique

Cette sculpture en plâtre peint n'est pas une œuvre africaine. L'artiste, Guillaume Laplagne, est français. Et bien qu'il ait vécu en Égypte, il n'a pas rencontré la sorcière de Bengamissa. Mais alors, d'où vient-elle ?

Le sculpteur réalise ce portrait d'après une photographie prise en 1925 au Congo belge. Elle montre une femme âgée, vêtue d'une robe en longues fibres végétales, s'appuyant sur une canne. Elle porte des bracelets - bras, poignets, chevilles -, un collier identique à celui de la sculpture et un haut chapeau qui signale probablement l'importance de son statut et de son savoir. Pratique-t-elle des rituels liés aux esprits ? Manipule-t-elle des fétiches ?

Le cliché a été rapporté de la Croisière noire, une traversée de l'Afrique en automobile menée par André Citroën en 1925. L'expédition est à la fois publicitaire, politique, culturelle et scientifique : six mille photographies sont prises, des centaines d'objets collectés. Au retour, une exposition est organisée au Louvre. Notre sorcière y est présentée, à côté d'armes, de pagaies, de poteries, et face à des dessins réalisés sur place par l'artiste Iacovleff.

Laplagne réalise plusieurs bustes d'après les photographies, dont différents sorciers et sorcières. Le terme « sorcière » est toutefois à utiliser avec précaution : il s'agit surtout d'un concept exporté par les Occidentaux.

Les rituels, les danses ou les objets, à la fois quotidiens et sacrés tels que les fétiches, talismans ou grigris sont longtemps mal compris par les Européens. Les colons n'hésitent pas à qualifier de sorcier celui qui serait plutôt le devin-guérisseur, ou de sorcière celle qui manie les fétiches. Au Bénin ou au Congo, ces devins-guérisseurs ne font pas que prédire l'avenir. Ils expliquent le passé, le présent et le futur, sont à la fois médecins, avocats, thérapeutes et psychologues. Nous sommes bien loin des vols sur les balais et des chaudrons bouillonnants.

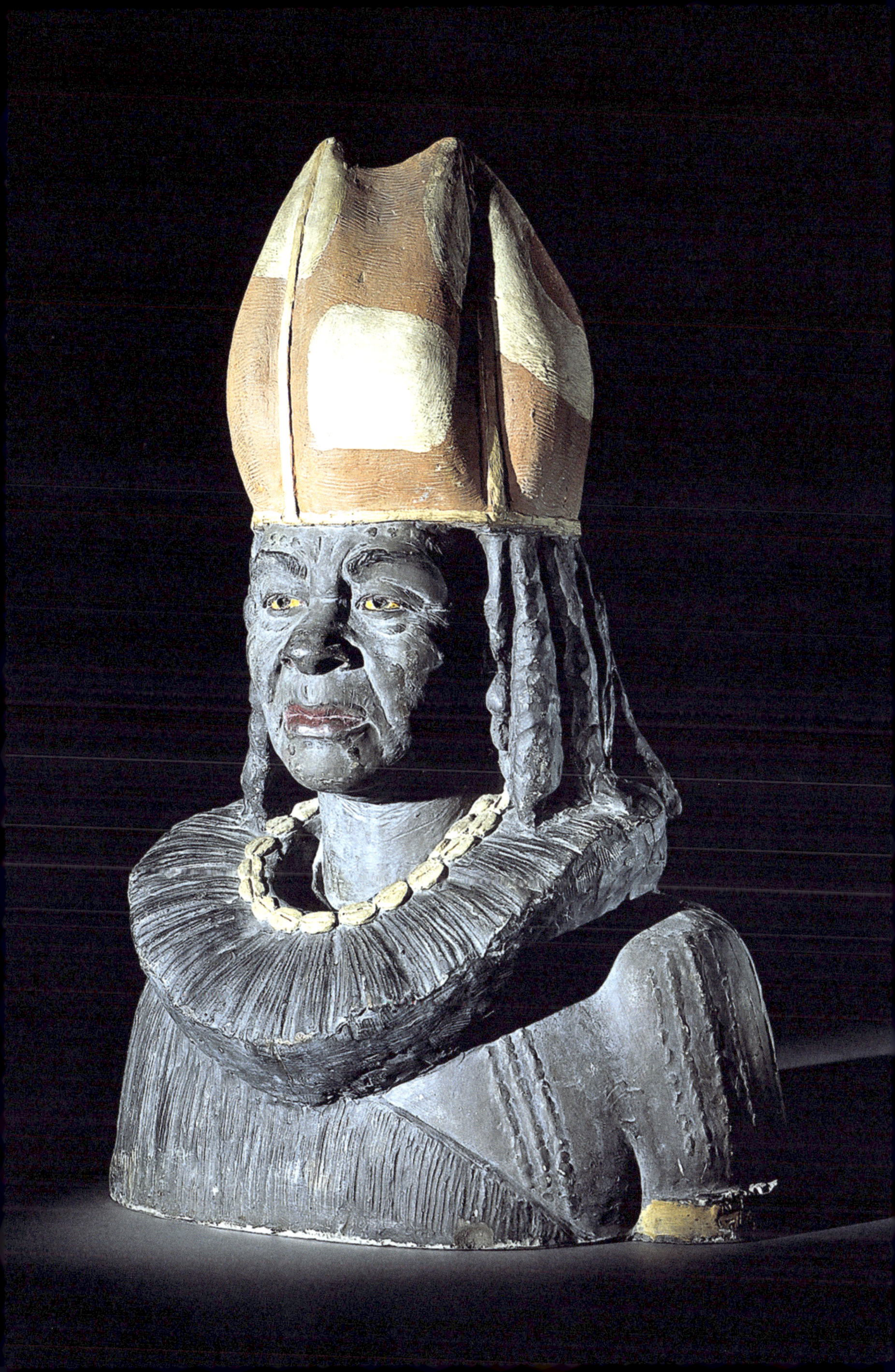

Sorcière et épouvantail dans la neige

1930-1932

La danse de la sorcière

La sorcière dans la neige a-t-elle un rapport avec la *Danse de la sorcière* de **Mary Wigman** ? Kirchner connaît bien le travail de la danseuse expressionniste allemande, dont ce solo hypnotique de 1914. Il réalise dans les années 1920 et 1930 plusieurs œuvres à partir de ses chorégraphies : *Mary Wigman dansant*, *Danse macabre*...

Qu'est-ce que l'expressionnisme ?

Il s'agit d'un mouvement artistique né vers 1905, très présent en Allemagne. Les artistes mettent en avant l'expressivité, leur subjectivité, et cherchent à susciter l'émotion du spectateur. En peinture, deux groupes se distinguent : **Die Brücke** (« Le pont »), agressif voire pessimiste, et **Der Blaue Reiter** (« Le cavalier bleu »), plus lyrique et idéaliste.

Menace hivernale

De sa touche rapide et épaisse, Kirchner brosse une étrange scène hivernale. Sur un paysage de neige quasi abstrait, les couleurs se détachent avec intensité. Une sorcière inquiétante s'approche d'un épouvantail, telle la Grande Faucheuse...

Sur la silhouette féminine, peinte dans un bleu sombre presque noir, les touches de rouge éclatent. L'agressivité du coloris captive le regard. Kirchner organise sa toile en trois couleurs. Le rouge, symbole de la violence et du sang, s'oppose au blanc et au bleu, les couleurs du froid et de la mort. Tablier, collier, chevelure, visage et drapeau contrastent avec le paysage clair. Ce drapeau, long fanion rouge flottant au vent, passe derrière le visage de la femme. La partie accrochée au mât présente une forme courbe identique à celle d'une faux. L'allégorie de la Mort se mêle à l'image de la sorcière... La mort obsède Kirchner jusqu'au suicide, qui met fin à ses jours en 1938, un an après que les nazis ont détruit une partie de ses œuvres.

Tourmenté et solitaire, le peintre allemand vit dans les montagnes suisses. La nature lui inspire des émotions profondes. Dans sa jeunesse à Dresde et à Berlin, Kirchner a fait partie du mouvement d'avant-garde Die Brücke (« Le pont »). Dans les années 1900, ce groupe de jeunes peintres expressionnistes innove et secoue les conventions. Kirchner et ses amis font éclater les couleurs, critiquent la vie moderne et cherchent une nouvelle harmonie avec la nature. Ils se passionnent pour les dessins d'enfant, l'art allemand médiéval, les cultures extra-européennes, les gravures populaires...

Dans les années 1930, Kirchner se souvient-il des images et des légendes, notamment germaniques, qui imputaient aux sorcières les hivers trop rudes et mortels ? La sorcière est-elle une allégorie de ses propres tourments ? Se sent-il menacé, à l'image de cet épouvantail inapte, petit personnage sans visage ni mains dont seule l'écharpe est secouée par le vent ?

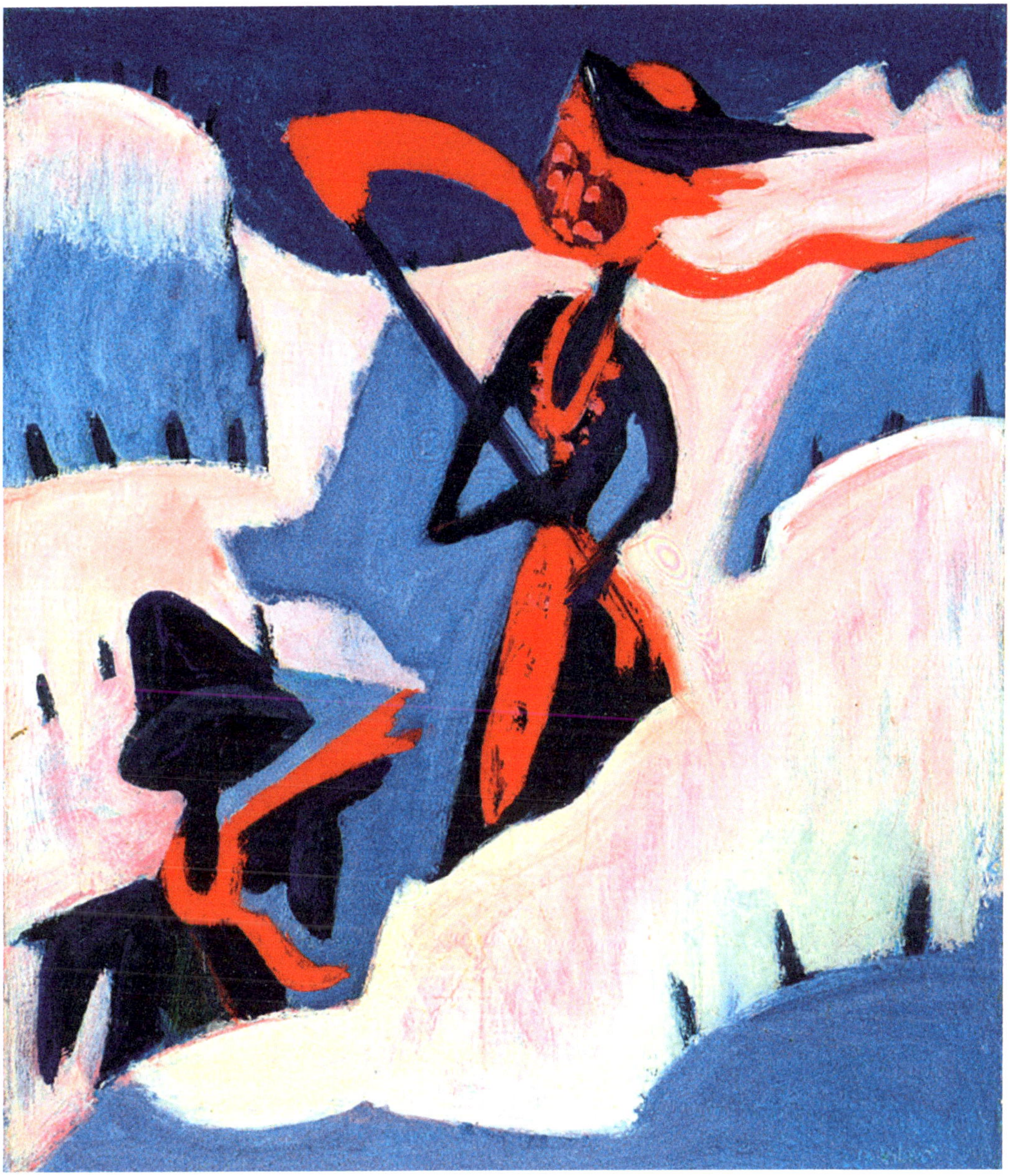

Sorcière et épouvantail dans la neige
Ernst Ludwig Kirchner
1930-1932
Huile sur toile
Berne, Collection Carola et Günther Ketterer-Ertle

La Sorcière

1969

La magie des signes

La magie traverse tout l'œuvre de Joan Miró. Par un agencement savant de traits noirs associés à quelques couleurs vives, le peintre nous propose sa vision poétique d'une sorcière à la limite de l'abstraction.

Les traits noirs de Miró dansent sur la toile et s'équilibrent comme un mobile du sculpteur Calder, son ami de toujours. Un cercle constitue la tête de la sorcière. Une épaisse ligne noire verticale le traverse et poursuit son chemin jusqu'au bas de la page. Les bras et le corps sont un simple « U » relâché. La grande ligne verticale structure la figure à la manière d'une colonne vertébrale. De part et d'autre s'organisent les noirs et les rouges, les aplats et les symboles : quadrillage, étoile, cercles, points, petits crochets…

Les lignes essentielles - verticale, horizontale et courbe - s'agencent à la manière d'un idéogramme, tandis que les petits symboles viennent s'accrocher à la forme principale. À la fin des années 1960, Miró est fasciné par la calligraphie japonaise. Il aime la précision et la souplesse du geste avec lequel on manie le pinceau chargé d'encre. Il découvre le Japon à l'automne 1967 et y retourne pour la dernière fois à la fin de l'année 1969. La culture japonaise est une révélation qui le conforte dans sa quête de dépouillement. Après ses années surréalistes, Miró simplifie les formes et réduit sa palette. Le noir, le rouge, le vert, le jaune et le bleu deviennent ses couleurs de prédilection.

Les lithographies tardives de Miró montrent plusieurs personnages, presque abstraits, liés à la magie : *Le Grand Sorcier* (1968), *Le Grand Ordonnateur* (1969) ou *Magie blanche* (1981). Le pouvoir des rêves et de la magie quotidienne fascine Miró, au même titre que la puissance des astres ou les forces cosmiques. En 1968, il déclare dans un entretien : « Je crois aux forces qui mènent obscurément. Je crois à l'astrologie. […] Dans beaucoup de mes tableaux on peut voir des boules, des cercles qui sont l'évocation des planètes maîtresses. »

Miró et la lithographie

En 1939, Miró est en Normandie, à Varengeville. Il découvre la lithographie au contact de **Georges Braque**. Il est vite à l'aise avec cette technique de production d'images par impression sur une pierre calcaire. Après la guerre, il entre à la galerie Maeght et travaille jusqu'en 1981 dans l'atelier de l'imprimeur lithographe Mourlot. Il y croise **Matisse**, **Picasso**, **Chagall**, **Giacometti**, **Calder**, **Dubuffet**…

Les signes de Joan Miró

Joan Miró utilise de manière récurrente le **point**, la **boule**, le **cercle**, l'**étoile**, la **lune**, l'**oiseau** ou encore la figure féminine. Il se dit « bouleversé quand [il] voi[t] dans un ciel immense, le croissant de la lune ou le soleil. Il y a d'ailleurs, dans [ses] tableaux, de toutes petites formes dans des grands espaces vides ».

La Sorcière
Joan Miró
1969
Lithographie
Collection particulière

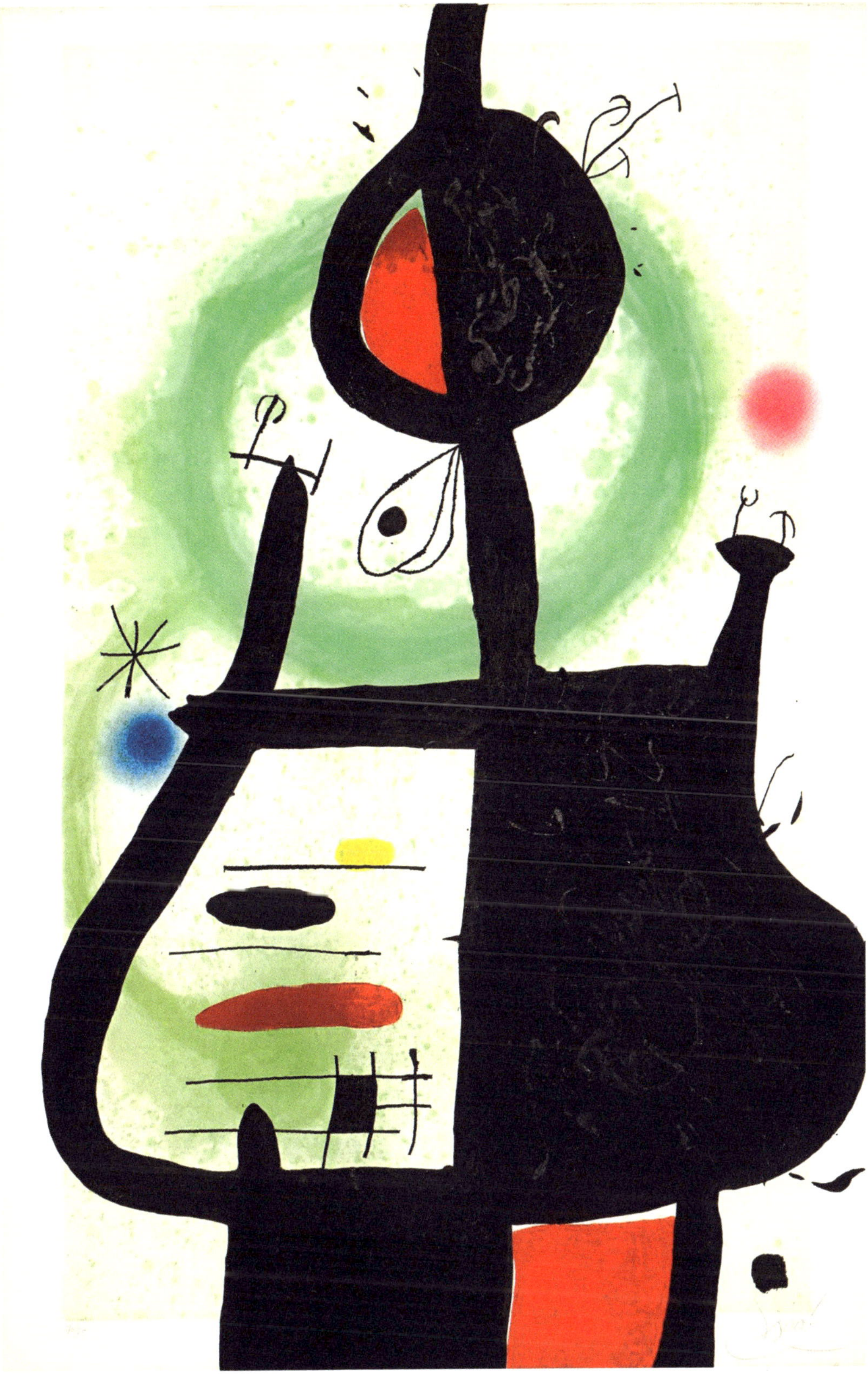

La Bruja

1979-1981

Qu'est-ce que l'art conceptuel ?

À partir des années 1960, aux États-Unis et en Europe, de plus en plus d'artistes affirment que c'est l'**idée**, ou concept, qui constitue l'œuvre d'art, et non sa réalisation matérielle. L'art conceptuel n'est ni un mouvement organisé ni une période. Il s'agit plutôt d'un **courant** qui parcourt l'**art contemporain**.

REPÈRES

Sorcières en 3D

- **1916** Constantin Brancusi, *La Sorcière*
- **1979-1981** Cildo Meireles, *La Sorcière*
- **2002** Kiki Smith, *Pyre Woman Kneeling* (*Femme au bûcher agenouillée*)
- **2010** Louise Bourgeois, *Mémorial de Steilneset*
- **2011** Annette Messager, *Sans légende*

La Bruja (La Sorcière)
Cildo Meireles
1979-1981
Balais en bois, fils de coton, métal
Paris, musée national d'Art moderne - Centre Pompidou

Ensorcelante invasion

Un balai de sorcière est accroché à un mur. En lieu et place de la paille, des fils de coton noir s'échappent du manche en bois et s'étirent sur des mètres, des kilomètres... jusqu'à envahir tout le bâtiment où l'œuvre est exposée.

À la fin du XXe siècle, un simple balai associé à la couleur noire suffit à évoquer une sorcière. Celui de l'artiste brésilien Cildo Meireles est le point de départ d'une installation démesurée. Une grille métallique percée de trous à la base du balai permet l'accroche de fils de coton noir qui se répandent dans l'espace selon un parcours que l'artiste définit chaque fois différemment, en fonction du lieu. En fonction des musées ou des salles d'exposition, les fils noirs de *La Bruja* (« La Sorcière ») remplissent les couloirs, dévalent les escaliers, sortent du bâtiment... Ils intriguent les spectateurs et côtoient les œuvres d'autres artistes accrochées non loin.
Le balai, outil par excellence du ménage et de la propreté, se retrouve ici à semer le désordre. À l'image des figures de contes et légendes, *La Sorcière* de Meireles sème le chaos dans un espace habituellement organisé.

Né en 1948, l'artiste contemporain Cildo Campos Meireles vit et travaille à Rio de Janeiro. Il réalise *La Sorcière* au tournant des années 1980. À cette époque, le Brésil connaît une dictature militaire qui supprime les libertés individuelles depuis plus de dix ans. Par ses réalisations poétiques et conceptuelles exposées aux quatre coins du monde, Meireles propose une forme visuelle de résistance à l'injustice et à l'oppression. Ses œuvres sont souvent denses et volumineuses. Elles créent des univers immersifs qui font voyager le spectateur et le poussent aussi à s'interroger sur le monde dans lequel il vit. Fascinante, onirique et inquiétante, *La Sorcière* représente-t-elle la menace du mal qui se répand inexorablement ?

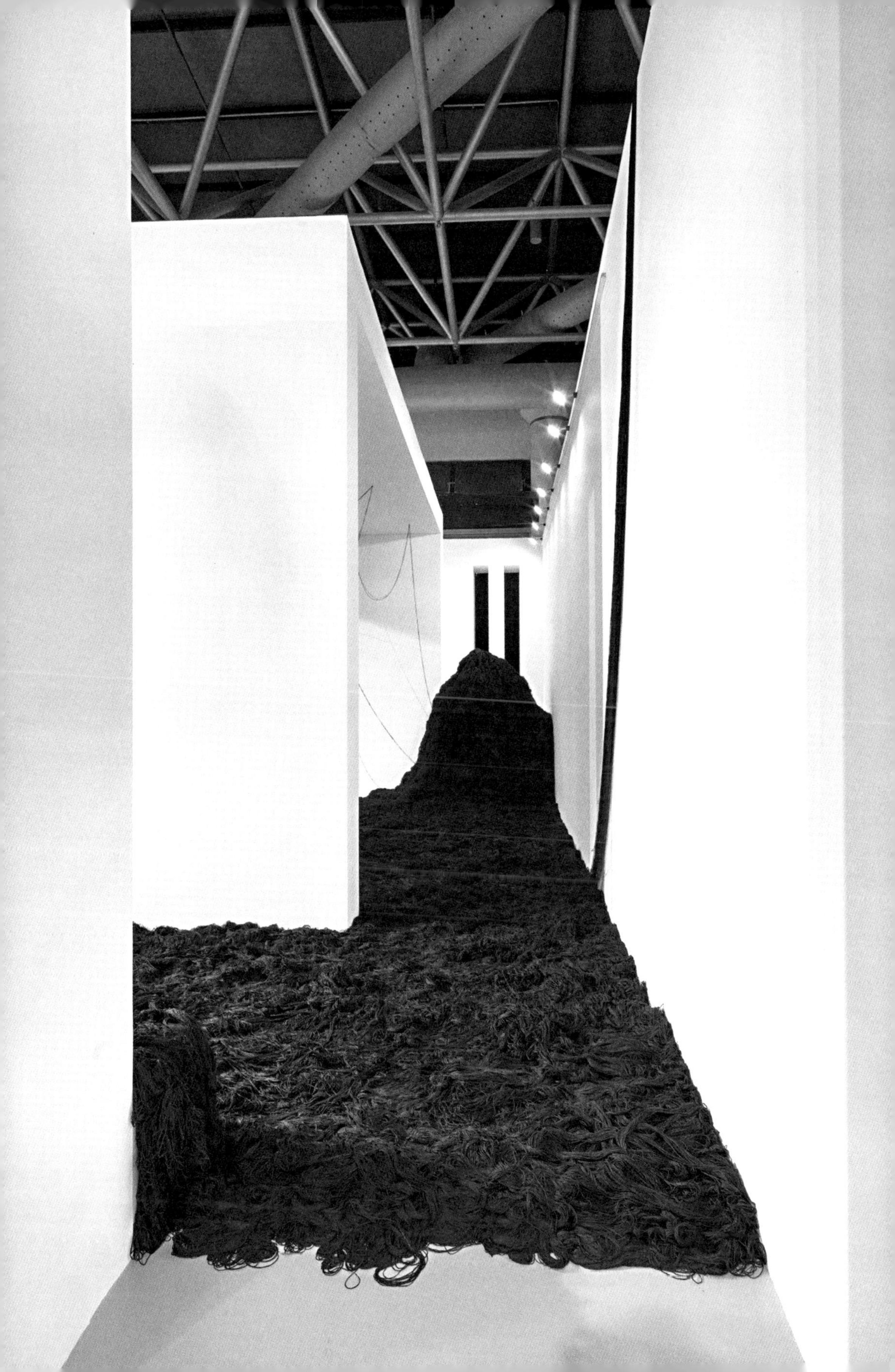

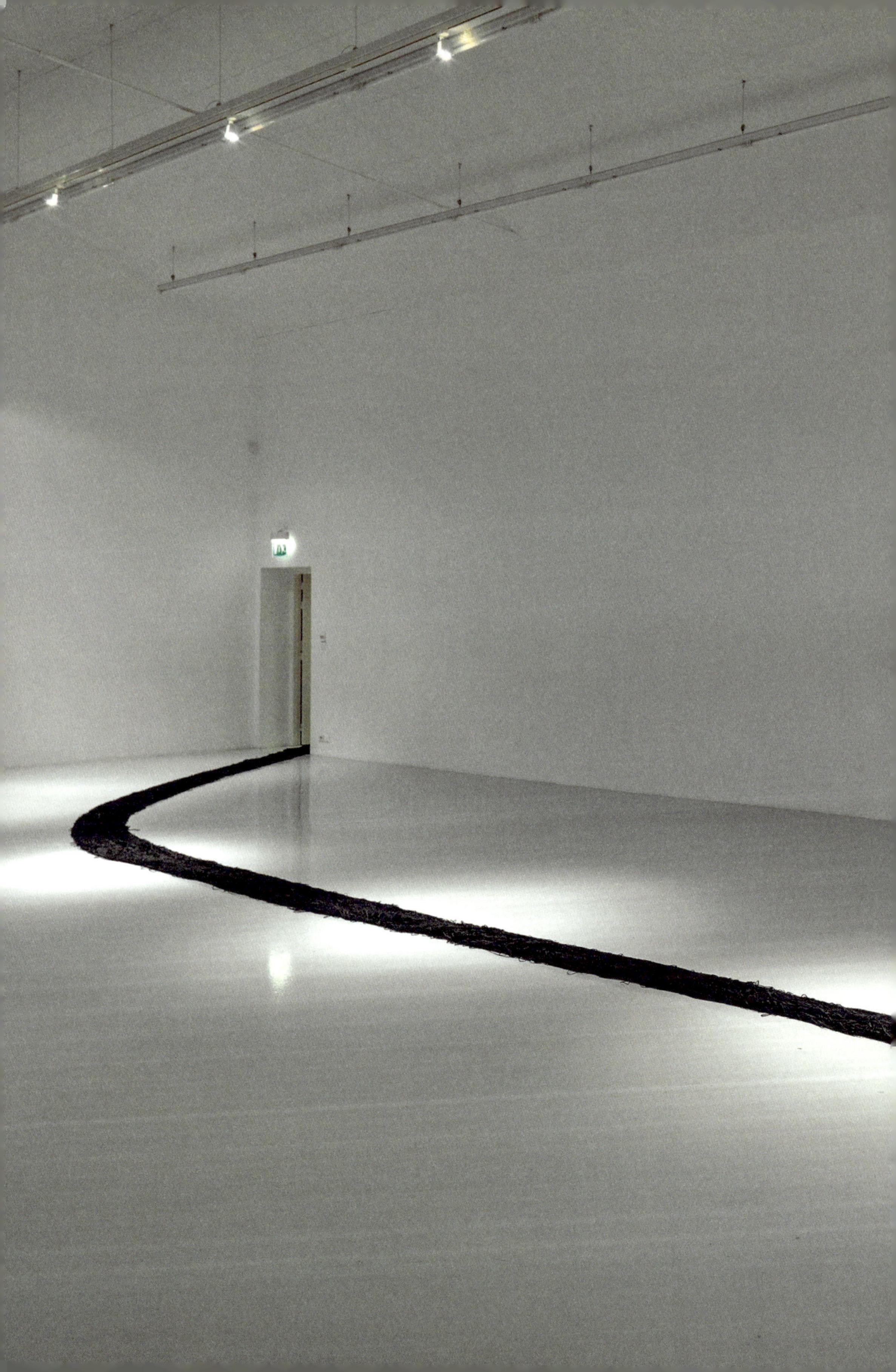

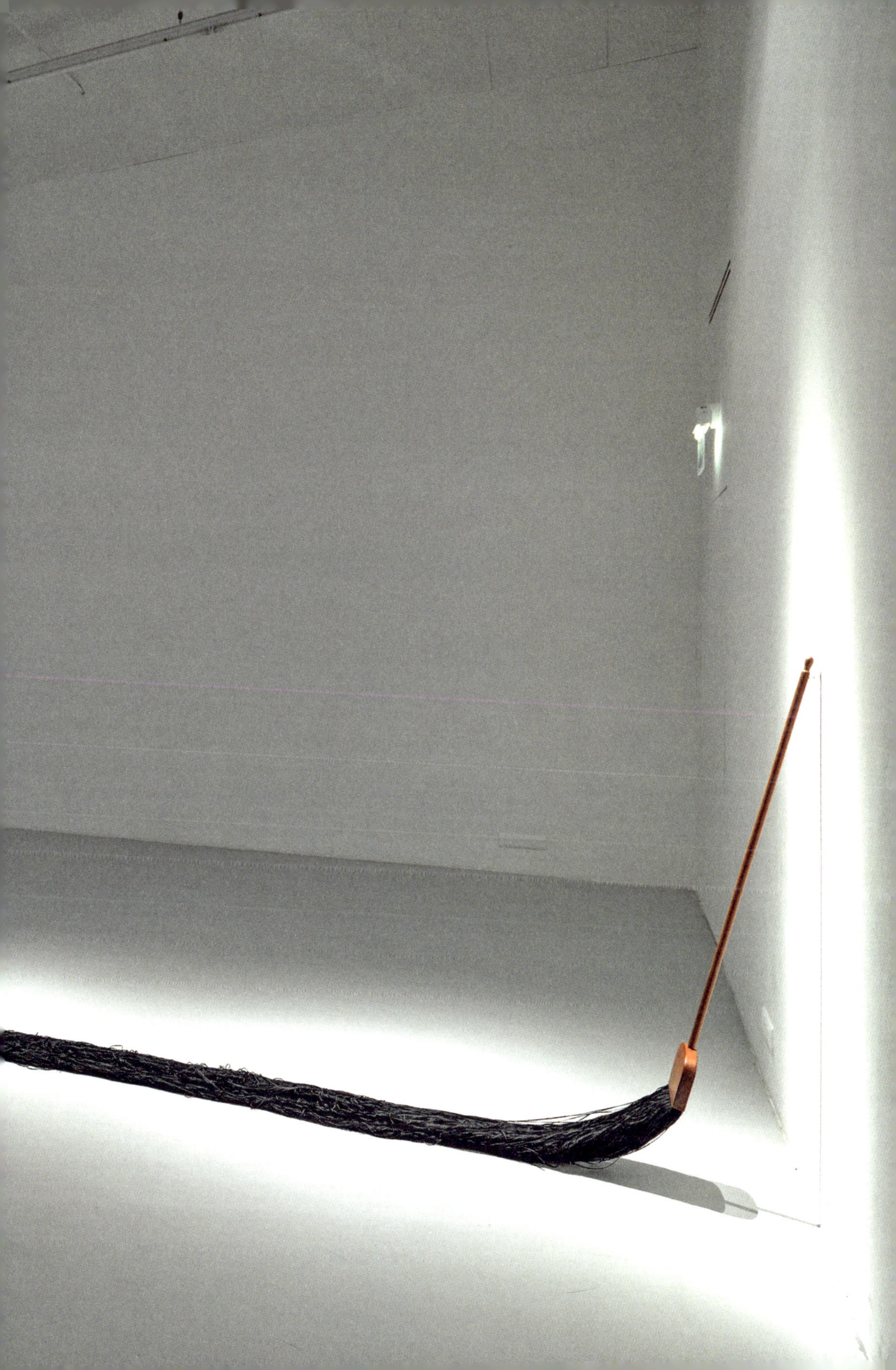

Table des illustrations

Page 57
Sleeping Witch
(La Sorcière endormie)
Kiki Smith
2000
Photographie couleur avec peinture appliquée à la main
59,4 × 40 cm
New York, Whitney Museum of American Art

LES INATTENDUS

Page 61
Scène de théâtre : la visite chez la magicienne
Dioscoride de Samos
IIe siècle av. J.-C.
Mosaïque
42 × 35 cm
Naples, musée archéologique

Page 63
Sorcière
Guerchin
(Giovanni Francesco Barbieri)
Vers 1640
Encre sur papier
19,5 × 17 cm
Royaume-Uni, The Royal Collection Trust

Pages 65-67 et 4 (détail)
Scènes avec sorcières : Matin, Jour, Soir, Nuit
Salvator Rosa
Vers 1645-1649
Huiles sur toile
Diam. : 54,5 cm
Cleveland, Cleveland Museum of Art

Pages 69 et 3 (détail)
Sorcière à cornes
Anonyme
XVIIIe siècle
Huile sur toile
Collection particulière

Page 71
Les Trois Sorcières de Macbeth
Daniel Gardner
1775
Gouache et craie
94 × 79 cm
Londres, National Portrait Gallery

Page 73
Le fantôme de Samuel apparaît à Saül
William Blake
Vers 1800
Crayon, encre et aquarelle sur papier
32 × 34,4 cm
Washington, National Gallery of Art

Page 75
Sabbat de sorcières
Eugène Delacroix
1831-1833
Huile sur toile
32,3 × 40,5 cm
Bâle, Kunstmuseum Basel

Pages 77-79
Takiyasha la sorcière et le fantôme du squelette
Utagawa Kuniyoshi
Vers 1844
Lithographie
35 × 71 cm
Londres, Victoria and Albert Museum

Page 81 et 2 (détail)
Sorcières se rendant au sabbat
Luis Ricardo Falero
1878
Huile sur toile
145,5 cm × 118,2 cm
Collection particulière

Pages 83 et 84-85 (détail)
Jeanne d'Arc
Jules Bastien-Lepage
1879
Huile sur toile
254 × 279 cm
New York, The Metropolitan Museum of Art

Page 87
La Petite Sorcière ou Préparation pour le sabbat
Félicien Rops
1896
Crayon, crayons de couleur et gouache
17,5 × 12 cm
Namur, musée Félicien-Rops

Page 89
La Sorcière
Lucien Lévy-Dhurmer
1897
Pastel
61 × 46 cm
Paris, musée d'Orsay

Page 91
Baba Yaga
Ivan Bilibine
Illustration pour *Vassilissa-la-très-belle*
1900
Lithographie
33 × 26 cm
Collection particulière

Pages 93 et 58-59 (détail)
Tilla Durieux en Circé
Franz von Stuck
1913
Huile sur bois
60 × 68 cm
Berlin, Alte Nationalgalerie

Page 95
La Sorcière au peigne
Paul Klee
1922
Lithographie
50 × 32,5 cm
Paris, musée national d'Art moderne - Centre Pompidou

Page 97
Boullo, sorcière de Bengamissa
Guillaume Laplagne
1925-1926
Plâtre peint
74 × 57 cm
Collection particulière

Page 99
Sorcière et épouvantail dans la neige
Ernst Ludwig Kirchner
1930-1932
Huile sur toile
70 × 60 cm
Berne, Collection Carola et Günther Ketterer-Ertle

Page 101
La Sorcière
Joan Miró
1969
Lithographie
99 × 59,5 cm
Collection particulière

Page 103 et 104-105 (détail)
La Bruja (La Sorcière)
Cildo Meireles
1979-1981
Balais en bois, fils de coton, métal
Paris, musée national d'Art moderne - Centre Pompidou

Crédits

© Archives Alinari, Florence, Dist. RMN-Grand Palais / Luciano Pedicini: 61.
© Archives Charmet / Bridgeman Images: 69, 91.
© BnF, Dist. RMN-Grand Palais / image BnF: 19.
© BPK, Berlin, Dist. RMN-Grand Palais / Hermann Buresch: 23.
© BPK, Berlin, Dist. RMN-Grand Palais / Jörg P. Anders: 58, 93.
© Bridgeman Images: 2, 3 ,4, 9, 25, 26-27, 35, 40, 51, 53, 63, 75, 81.
© Centre Pompidou, MNAM-CCI, Dist. RMN-Grand Palais / Centre Pompidou, MNAM-CCI: 95.
© Christie's Images / Bridgeman Images: 97.
© Cildo Meireles, courtesy Galerie Lelong & Co., New York / Centre Pompidou, MNAM-CCI, Dist. RMN-Grand Palais / Photo: Philippe Migeat: 103, 104-106.
© Collection Carola und Günther Ketterer-Ertle: 99.
© Collection des Musées de la Ville de Poitiers et de la Société des Antiquaires de l'Ouest / Musées de Poitiers / Photo: Christian Vignaud 29.
© De Agostini Picture Library / Bridgeman Images: 14-15, 31.
© G. Dagli Orti /De Agostini Picture Library / Bridgeman Images: 17.
© Kiki Smith, courtesy Pace Gallery / Whitney Museum of American Art / Licensed by Scala, 2020: 57.
© Mondadori Portfolio/Electa/ Antonio Quattrone / Bridgeman Images: 21.
© Musée Félicien Rops, Namur: 87.
© National Portrait Gallery, London: 71.
© Peter Willi / Bridgeman Images: 89.
© Pictures from History / Bridgeman Images: 77, 78-79.
© Public Domain / CCO / collection particulière: 51 / Erwin Davis: 83, 84-85 / J. H. Wade Fund: 5, 64, 65, 66, 67 / Musée du Prado, Madrid: 35 / Museo Lazaro Galdiano; Madrid: 33 / National Gallery of Art, Washington, Rosenwald Collection: 73.
© RMN-Grand Palais / Photo: Benoît Touchard: 45, 46-47.
© Successió Miró / Adagp, Paris, 2020: 101.
© Succession Brancusi - tous droits réservés / Adagp, 2020: 55.
© Tate, Londres, Dist. RMN-Grand Palais / Tate Photography: 43.

Direction:
Emmanuel Le Vallois

Édition:
Hélène Sevin

Direction artistique:
Sabine Houplain

Conception graphique:
Sophie Della Corte

Textes:
Alix Paré

Relecture-correction:
Clémentine Bougrat
Valérie Mettais

Fabrication:
Rémy Chauvière

Photogravure:
Reproscan

Partenariat et ventes directes:
Sylvie Rocland
(srocland@hachette-livre.fr>)

Relations presse:
Hélène Maurice
(hmaurice@hachette-livre.fr)

www.editionsduchene.fr

Édité par les Éditions du Chêne
(58 rue Jean Bleuzen, 92178 Vanves Cedex)

Achevé d'imprimer en octobre 2021
par Graficas Estella en Espagne
Dépôt légal: septembre 2020
ISBN: 978-2-81232-066-8
61/7633/2-03

PAPIER À BASE DE FIBRES CERTIFIÉES
LES ÉDITIONS DU CHÊNE s'engagent pour l'environnement en réduisant l'empreinte carbone de leurs livres. Celle de cet exemplaire est de : 1400 g éq. CO_2